ALCIDES FERRI

Jesus
HEADHUNTER

COMO SELECIONAR OU SER SELECIONADO
PELA ESSÊNCIA, E NÃO PELA APARÊNCIA

CB040087

Literare Books
INTERNATIONAL
BRASIL · EUROPA · USA · JAPÃO

Copyright© 2017 by Literare Books International.
Todos os direitos desta edição são reservados à Literare Books International.

Presidente:
Mauricio Sita

Capa:
Lucas Chagas

Diagramação e projeto gráfico:
Douglas Duarte

Revisão:
Bárbara Cabral Parente e Danivia Wolff

Gerente de Projetos:
Gleide Santos

Diretora de Operações:
Alessandra Ksenhuck

Diretora Executiva:
Julyana Rosa

Relacionamento com o cliente:
Claudia Pires

Impressão:
Rotermund

Dados Internacionais de Catalogação na Publicação (CIP)
(Câmara Brasileira do Livro, SP, Brasil)

```
Ferri, Alcides
    Jesus headhunter / Alcides Ferri. -- São Paulo :
Literare Books International, 2017.

    Bibliografia.
    ISBN 978-85-9455-047-7

    1. Capital humano 2. Carreira profissional -
Desenvolvimento 3. Competências 4. Comportamento
organizacional 5. Desenvolvimento pessoal
6. Espiritualidade 7. Jesus Cristo - Ensinamentos
8. Pessoal - Administração I. Título.

17-10722                               CDD-658.3
```

Índices para catálogo sistemático:

1. Ensinamentos de Jesus : Aplicação à carreira
   profissional : Gestão de pessoas :
   Administração 658.3

Literare Books
Rua Antônio Augusto Covello, 472 – Vila Mariana – São Paulo, SP.
CEP 01550-060
Fone/fax: (0**11) 2659-0968
site: www.literarebooks.com.br
e-mail: contato@literarebooks.com.br

APRESENTAÇÃO

A leitura deste livro, além de oferecer orientações para profissionais que buscam se preparar melhor para uma oportunidade de trabalho ou atingir melhores posições na hierarquia das empresas, norteará profissionais envolvidos com processos de captação, seleção e promoção de talentos. Dessa forma, é útil para profissionais da área de recursos humanos, de psicologia organizacional, consultores de capital humano, *headhunters*, consultores de *executive search* (serviço que tem o propósito de ajudar empresas a identificar, abordar e selecionar profissionais altamente capacitados), enfim, para todo gestor, já que cada um é sempre um gestor de pessoas.

O subtítulo, "Como selecionar ou ser selecionado pela essência, e não pela aparência", não faz referência especificamente à aparência física. A "aparência" aqui destacada diz respeito a mecanismos criados pelas pessoas e características forjadas que não refletem a realidade do que elas são de fato. Ao se avaliarem, por exemplo, as competências de uma pessoa ou mesmo numa autoavaliação, ninguém deve pensar que ser competente esteja relacionado a atributos físicos, como beleza ou boa aparência, ainda que sejam aspectos relevantes, dependendo da finalidade do trabalho. A boa apresentação pessoal, contudo, diferente da boa aparência (física),

ALCIDES FERRI

deve ser observada como um dos quesitos na hora de formar uma opinião a respeito do perfil de um determinado candidato e deve constar dos critérios de avaliação. Em geral, no entanto, as pessoas devem ser avaliadas independentemente de seus atributos físicos.

No capítulo 1, destaca-se a luta das pessoas por um emprego e a importância da participação de todos os setores e do próprio profissional para uma melhor qualificação diante do cenário atual. Focaliza-se que o contexto atual requer que as empresas tenham capacidade de reter, desenvolver, motivar e atrair de forma adequada, uma vez que o capital humano se tornou o fator crítico de sucesso nas organizações. Por isso, aprender como selecionar ou de como ser selecionado é fundamental para todos, tanto para os profissionais/gestores (quem seleciona) envolvidos com pessoas, como para os profissionais que buscam oportunidades e desejam ser selecionados.

O capítulo 2 mostra que, em decorrência das transformações no mundo do trabalho, sinalizadas no capítulo 1, é muito fácil confundir imagem de competência com competência real. Indaga-se ao leitor se ele contrataria Judas Iscariotes, tendo como pano de fundo uma ilustração que o apresenta como um "candidato" com grande potencial em detrimento dos demais. No entanto, o capítulo ressalta que Jesus, no papel de *headhunter*, sabia com quem estava lidando. Esse capítulo dá o tom para os desdobramentos delineados nos capítulos 3 a 7.

Dado que o capítulo 2 é finalizado realçando a importância de uma avaliação consistente por parte das empresas para que ocorram escolhas acertadas de candidatos, o capítulo 3 se inicia tecendo estratégias para os profissionais que desejam estar na mira de um *headhunter*. Segue orientando que deve haver compatibilidade entre as competências requeridas pelas empresas e as competências individuais para benefício de ambas as partes: candidato e empregador. Por fim, convida o leitor a avaliar a sua "marca" e competências.

No capítulo 4, é descrito que a aparência às vezes difere da essência, quando, por ocasião de um processo seletivo, o candidato tenta "vender" uma imagem que diverge de suas competências, por meio do gerenciamento de impressão. Descreve ainda que o selecionador perceberá que a aparência nem sempre corresponde à realidade quando o processo de seleção é bem conduzido e o selecionador bem preparado. Conclui esclarecendo as três condições nas quais as pessoas estão alocadas, denominadas zona de integridade, zona de aparência e zona de degradação.

O capítulo 5 utiliza os minerais ouro e pirita figurativamente para estabelecer uma comparação entre o "candidato ouro" – um padrão ideal de competências – e o "candidato pirita" – um perfil que aparenta ser o que não é. O capítulo destaca as características de cada elemento com o objetivo de mostrar que nem tudo que reluz é ouro.

Ainda explorando o conceito de aparência versus essência, o capítulo 6 traz a imagem do iceberg como analogia entre aquilo que se consegue enxergar (parte emersa) em um candidato e aquilo que não se consegue ver (parte submersa) devido a aspectos subjetivos. Destaca, assim, a relevância de uma análise intrínseca, a fim de descobrir as características latentes do candidato.

No capítulo 7, "Processo seletivo eclipse lunar e solar", comparam-se os componentes (astros) e aspectos envolvidos num eclipse lunar/solar aos participantes e aspectos envolvidos no processo seletivo. De forma didática, objetivando facilitar a compreensão, são utilizadas ilustrações do tema proposto. Aborda-se também que o processo seletivo corre o risco de ser "eclipsado" (prejudicado) devido a circunstâncias negativas que podem ocultar características positivas dos candidatos; em virtude de selecionador e/ou requisitante da vaga que preterem candidatos como "mecanismo de defesa"; ou ainda por falta de competência por parte dos responsáveis na aplicação de testes psicológicos.

A partir do capítulo 8, somos levados a mergulhar de forma mais contundente na proposta do livro, que é apresentar Jesus no papel de *headhunter*. Fundamentando-se em literatura relevante, mostra-se como Jesus formou Sua equipe de trabalho e quem Ele escolheu. A fim de alavancar a autoestima do leitor, essa parte do livro destaca que somos mais do que aparentamos ser, pois Deus nos dotou de características e atributos que nos conferem valor. Salienta ainda que Deus vê além das aparências e que, a despeito da desigualdade de gênero em Sua época, Jesus enxergou a mulher sob um novo prisma.

O capítulo 9 traça a estratégia de Jesus ao interagir com os candidatos a discípulo. Destaca a entrevista comportamental com foco em competências como uma das ferramentas de maior eficácia, quando devidamente aplicada, nos processos seletivos. Relata, como exemplos, as entrevistas de Jesus com o jovem rico, com o escriba, com o discípulo anônimo e com a mulher samaritana. Enfatiza que a conduta origina-se no interior da pessoa e que o comportamento externo deve ser moldado a partir de uma transformação de dentro para fora, pois não basta estar exteriormente em harmonia com as regras estabelecidas no ambiente se a conduta interior não o está. Utiliza o "rito da circuncisão" como analogia para explicitar que aquilo que está por fora nem sempre mostra o que está por dentro.

Não necessariamente em detrimento das competências técnicas, as competências comportamentais são tidas como indispensáveis para o sucesso profissional e valorizadas por qualquer *headhunter*. Assim sendo, o capítulo 10 destaca esse aspecto e deixa claro que, quando há, por parte dos profissionais, um envolvimento religioso/espiritual (independentemente dos seus conceitos diferenciados), resultados positivos podem ser gerados para colaboradores e empregadores, confirmando a espiritualidade como estímulo para as competências. Realça ainda o código divino (os Dez Mandamentos) como promotor da ética profissional. Enfatiza que a confiança em Deus se torna fundamental para as pessoas lidarem com situações adversas, como demissão e transferências. O capítulo finaliza dando orientação de como o leitor pode manter-se empregável e apto a ser promovido: sustentabilidade na carreira; e como pode manter-se salvo: sustentabilidade na fé.

JESUS HEADHUNTER

O capítulo 11 é iniciado considerando-se que boa parte deste livro visa compreender e lidar com a simulação e dissimulação presentes em muitas pessoas, por isso é importante saber a origem de tais artifícios. Fundamentado em literatura oportuna que reforça a compreensão do tema, o capítulo mostra quando, onde e com quem tudo começou no que diz respeito à prática de enganar. Propõe que, mais do que um conjunto de competências que qualifica uma pessoa, o importante é não permitir a falta de inteligência moral, pois esta enseja uma postura ética idônea e integridade de caráter.

O capítulo 12 destaca que, assim como um candidato passa por um processo seletivo e é avaliado para saber se está apto ou não para a vaga em aberto, também ocorre um processo seletivo celestial. Este é composto por diferentes fases e tem Jesus no papel do Grande Selecionador. Mostra o porquê da necessidade de julgamento, utilizando uma parábola para tornar mais clara a compreensão. Enfatiza as técnicas que Jesus utiliza para selecionar. Apresenta uma entrevista com um balconista de hotel que oferece grande orientação ao leitor. O capítulo traz ainda sugestões de como avaliar os outros e a si próprio e termina ressaltando que o sucesso vem de fora.

O capítulo 13, por fim, esclarece que a remuneração celestial é diferente de todas as formas que conhecemos de remuneração. Destaca que não é a posição do ocupante, nem as competências pessoais ou mesmo o desempenho de cada um que garantem méritos para a recompensa, mas é a bondade do Patrão (Deus) em recompensar a todos que se disponibilizam para ser recrutados para o trabalho. Termina esclarecendo que Jesus, no papel de *headhunter*, atraiu as pessoas até no fim de Sua vida terrestre e continua, hoje, a estender o convite, para que aqueles que quiserem sejam admitidos em Suas fileiras.

PREFÁCIO

Analisar o conteúdo dos Evangelhos e a vida de Jesus como fonte bibliográfica para fundamentar algum aspecto da teoria administrativa não é exatamente uma novidade. Várias incursões já foram feitas nessa área. Apenas à guisa de exemplo, menciono duas dessas iniciativas. Uma delas é a de Michael Youssef com o seu livro *O estilo de liderança de Jesus,*[1] no qual o autor discorre sobre várias atitudes de Jesus que revelaram extrema habilidade no Seu trato com as pessoas, notadamente Seus seguidores. A outra foi a de Milton Cezar de Souza, com o seu opúsculo *Lições de Cristo para os administradores,*[2] cujo conteúdo preconiza a extraordinária capacidade de Jesus para administrar o Seu "empreendimento", num tempo em que não havia sequer uma única linha escrita sobre a moderna teoria da administração.

Ambas as contribuições são valiosíssimas para a reflexão sobre o tema e demonstram cabalmente que os ensinos de Jesus são absolutamente atemporais e se aplicam a qualquer momento da história deste mundo. De forma indiscutível, os autores evidenciam que a Palavra de Deus não é apenas a mais antiga fonte de verdade revelada à humanidade, mas também está repleta de significado profético e contemporâneo. Se, em certo sentido, aderir à Bíblia é conservadorismo, noutro aspecto é também ultramodernismo, pois a verdade divina ultrapassa qualquer limite de tempo; ela antecede o passado e vai além do futuro. Por essa razão, qualquer iniciativa nessa direção sempre é desejável e louvável, especialmente no momento atual da história do mundo, quando os valores se deterioram muito rapidamente e parece ser inteligente e esperto obter vantagem por métodos classificados como espúrios pelo padrão bíblico.

Diante disso, Alcides Ferri, por intermédio deste livro, traz inestimável contribuição ao apresentar Jesus como *headhunter*, certamente o maior caçador de talentos da história de nosso planeta. Mediante criteriosa análise do texto bíblico, apoiado por literatura de reconhecido valor, ele consegue extrair informações e conceitos que se harmonizam de forma consistente com as melhores práticas adotadas por bem-sucedidas empresas da atualidade. Aliás, é possível que o contrário seja o mais correto: as melhores práticas adotadas por empresas da atualidade estão sendo bem-sucedidas porque são consistentes com os ensinos d'Aquele que foi/é o maior Mestre que já pôs os pés em nosso planeta cambaleante.

A leitura destas páginas foi enriquecedora para mim, e tenho a convicção de que será extremamente útil para quem quer que tenha a disposição de empregar algum tempo para folhear este livro e sorver dele toda a bagagem que contém.

André Marcos Pasini

Bacharel em Ciências Contábeis e mestre em Administração (área de liderança). Atua há mais de 40 anos como contador, auditor, professor, pastor, palestrante e administrador de instituições educacionais, filantrópicas e religiosas.

LISTA DE ILUSTRAÇÕES

Figura 1: Zona de integridade 39

Figura 2: Zona de aparência 40

Figura 3: Zona de degradação 41

Figura 4: Analogia entre um iceberg e um candidato 48

Figura 5: Processo seletivo eclipse lunar 52

Figura 6: Processo seletivo eclipse solar 53

Figura 7: Tipos de candidatos num processo seletivo 54

Figura 8: Modificações no processo seletivo conforme o selecionador 55

SUMÁRIO

1. Capital humano como prioridade   15

2. Você contrataria Judas Iscariotes?   21

3. Compatibilidade entre competências   31

4. Aparência versus essência   37

5. Nem tudo que reluz é ouro   43

6. Candidato iceberg   47

7. Processo seletivo eclipse lunar e solar   51

8. Como Jesus formou Sua equipe de trabalho?

Quem Ele escolheu?   61

9. Jesus usou a entrevista comportamental?   91

10. Espiritualidade como estímulo para as competências   111

11. Quando, onde e com quem tudo começou?   123

12. Processo seletivo celestial   131

13. Remuneração celestial   147

Notas   153

Referências   161

Sobre o autor   167

CAPÍTULO 1°

Capital humano como prioridade

Era uma terça-feira, início do mês de dezembro. Fui ao centro da cidade na tentativa de comprar algo no comércio. Eram duas horas da tarde, o sol estava escaldante e a temperatura atingia 34° C. Caminhando no calçadão, por entre centenas de pessoas que entravam e saíam das lojas, lembrando um formigueiro, de repente deparei-me com uma fila quilométrica composta por algo em torno de duzentas pessoas. Caminhei até o começo da fila para saber o que era aquilo. Ao observar aquelas pessoas, notei muitas delas cansadas e extenuadas pelo calor insuportável. Algumas se sentaram onde era possível, outras se agacharam, e havia aquelas que tentavam se acomodar debaixo das marquises, em busca de sombra.

A maioria estava ali há horas, sem almoço e sem água, com fome e com sede. Porém, a fome não era apenas de comida, e a sede não era só de água, mas de vontade de conseguir uma oportunidade de trabalho numa loja de departamentos que havia aberto trinta vagas e estava coletando currículos para, no mesmo dia, já fazer uma espécie de triagem inicial ou pré-teste, a fim de escolher ou selecionar os candidatos para a próxima fase.

A luta por um emprego, uma nova chance, trazia muitas pessoas fragilizadas que, além de carregar o currículo nas mãos, carregavam também preocupações. Ali estava Pedro,[3] que precisava de um trabalho para pagar a faculdade; Solange, com o objetivo de reforçar o orçamento doméstico; Antônio, com um filho pequeno para sustentar, etc. Necessidades que dependiam de uma mesma solução: conseguir um emprego.

Naquele momento veio à cabeça a passagem bíblica de Mateus 22:14:[4] "Porque muitos são chamados, mas poucos, escolhidos."

Posteriormente, eu fui até uma pizzaria na esquina de minha casa. Fui atendido pelo dono, e, enquanto esperava meu pedido, ele me contou que estava ampliando a rede. Havia aberto mais quatro unidades de negócio na cidade e na região. Com as novas unidades, abriram-se diversas vagas de trabalho, entre elas, gerente geral, encarregados das unidades, pizzaiolos, auxiliares, atendentes e caixas. Disse que dispunha de um bom capital para ampliar a rede, mas a sua maior dificuldade estava sendo conseguir pessoal qualificado para atuar nas demais lojas, tendo em vista que o negócio trazia em seu bojo novas tecnologias e uma metodologia diferenciada de trabalho e atendimento.

Dentro do contexto exposto, eu pergunto: por que são muitos os chamados, mas são poucos os escolhidos? O desemprego estrutural acontece em função, por exemplo, da crescente mecanização e informatização dos processos de trabalho, eliminando cargos que antes eram desempenhados por pessoas sem qualificação e, agora, por exigirem conhecimento e formação, acabam excluindo muitos trabalhadores do mercado. É bem verdade que, se a economia estiver aquecida, será mais fácil para esses trabalhadores encontrar outros postos de trabalho. No entanto, independentemente das ações do governo em prol da economia, a solução para quem ficou desempregado em função de mudanças estruturais na sociedade é se requalificar.

A despeito de o desemprego ser estrutural ou conjuntural (ocasionado por uma crise econômica), quando o profissional se conscientiza da necessidade de buscar melhor qualificação, a pro-

JESUS HEADHUNTER

babilidade de conseguir uma oportunidade de trabalho ou, pelo menos, eliminar a possibilidade de perder o emprego aumentará consideravelmente. Pois, diante de uma avaliação mais apurada por parte de um selecionador objetivando a contratação e/ou perante uma avaliação mais esmerada por parte do empregador a fim de optar por uma demissão ou não, ou até pela escolha de um candidato a uma promoção ou não, obterá maior êxito aquele profissional que se preparou a contento, aumentando assim o seu potencial de empregabilidade (a capacidade de conquistar e manter-se num emprego), promotabilidade (neologismo que significa a capacidade de evoluir profissionalmente por meio de uma ascensão vertical ou horizontal) e competitividade.

É sabido que nenhum país consegue se desenvolver sem educação adequada. Por falta de competência humana, o empresariado tem enfrentado o chamado "apagão de talentos" ou a falta de profissionais capacitados para ocupar as vagas que surgem. O déficit de profissionais atinge vários setores e ocorre em nível estratégico e também em funções operacionais dentro das empresas. A fim de minimizar o *gap* (distanciamento, afastamento, separação, lacuna ou vácuo)[5] de capital humano necessário para atender a demanda de mão de obra qualificada, é preciso o envolvimento do governo e da iniciativa privada. O investimento pesado em educação em todos os níveis, do primário ao superior, é a solução para formar profissionais capacitados.

Cabe também a cada profissional buscar desenvolver-se na tentativa de apresentar-se de maneira atraente e verdadeira às empresas, de forma a aumentar sua empregabilidade e, quando inserido no ambiente corporativo, aumentar também suas chances de promoção.

Se, por um lado, é importante o profissional buscar maior qualificação no intuito de conquistar ou manter uma oportunidade de trabalho, por outro, é preciso que a empresa dê abertura para que o profissional, uma vez qualificado, desenvolva seu projeto de vida, sem exigir que ele abra mão disso pelo trabalho. É necessário muito mais do que salário para segurar alguém na empresa. Uma política de retenção, por meio da monitoração das necessidades de cada funcionário, gerará uma relação do tipo "ganha-ganha", garantirá a valorização dos profissionais e elevará a vontade deles de continuar na empresa. Para tanto, é preciso uma avaliação constante a fim de evitar que possíveis problemas sejam negligenciados, o que pode provocar a perda de mão de obra.

As empresas de sucesso serão aquelas com capacidade de reter, desenvolver e motivar seus atuais talentos, além de atrair, com qualidade, integridade e uma metodologia adequada, outros talentos no mercado.[6] Por isso, a arte de recrutar, selecionar e avaliar pessoas deverá estar plenamente desenvolvida pelos profissionais de recrutamento e seleção, sejam eles atuantes na área de recursos humanos das próprias empresas ou provenientes do mercado, como consultores especializados e *headhunters*. *Headhunter* é um termo usado no jargão profissional para identificar o indivíduo que garimpa no mercado o profissional adequado para ocupar determinada posição e que, conquanto numa tradução literal, seria chamado de caçador de cabeças, que neste contexto tem o significado de caçador de talentos. Capaz de uma abordagem que identifica se o profissional prospectado tem ou não os conhecimentos, comportamentos e habilidades necessárias para o desempenho da função ou se tais atributos estão latentes na pessoa, o *headhunter* tem uma visão aguçada e fica atento aos talentos existentes no mercado de trabalho. A partir do *start* de uma empresa que o contrata para a "caçada" de um determinado perfil profissional no mercado, ele começa a busca pela pessoa desejada. Tem grande habilidade para quebrar blindagens no sentido de saber como chegar até um profissional que é seu alvo. Geralmente dispõe de um banco de dados sobre diversos profissionais capacitados, a fim de prospectá-los em momento oportuno.

O olho clínico dos gestores e requisitantes das vagas também é essencial para a avaliação e a escolha. A busca por aperfeiçoamento recai sobre todo profissional envolvido com pessoas, que administra processos seletivos e promoção de talentos nas organizações.

JESUS HEADHUNTER

Nesse cenário, é oportuno mencionar a opinião do sociólogo norte-americano Richard Sennett sobre as influências do capitalismo flexível no universo do trabalho e na vida das pessoas. Segundo ele, no capitalismo flexível:

[...] atacam-se as formas rígidas de burocracia, e também os males da rotina cega. Pede-se aos trabalhadores que sejam ágeis, estejam abertos a mudanças a curto prazo, assumam riscos continuamente, dependam cada vez menos de leis e procedimentos formais. [...] O capitalismo flexível bloqueou a estrada reta da carreira, desviando de repente os empregados de um tipo de trabalho para outro. [...] É bastante natural que a flexibilidade cause ansiedade: as pessoas não sabem que riscos serão compensados, que caminhos seguir.[7]

No artigo: "Gerenciamento de impressão e entrevista de seleção: camaleões em cena", as Prof.[as]. Maria Luísa Carvalho (mestre em Administração e doutora em Psicologia) e Carmem Ligia Iochins Grisci (mestre em Psicologia Social e da Personalidade e doutora em Psicologia) também destacam as transformações no mundo do trabalho ocorridas a partir dos anos 1970, quando se iniciou uma nova fase do capitalismo, denominada por David Harvey[8] capitalismo flexível. Elas pontuam:

Essa fase acarretou transformações ao mundo do trabalho, requerendo formas de gestão de produção e práticas e políticas de recursos humanos distintos das fases anteriores, gerando um novo sujeito do trabalho, flexível e mutável ao sabor das demandas do mercado.[9]

O contexto atual trouxe consequências no mundo do trabalho para quem está empregado e tem interesse em manter ou galgar melhores posições, para quem está desempregado, para quem ainda não ingressou no mercado de trabalho e tem interesse em obter oportunidades e para as organizações que se interessam pelos profissionais. A maneira como cada um deve lidar com esse novo mundo na tentativa de se posicionar frente aos seus interesses é fator primordial para o sucesso. Por isso, aprender a arte de como selecionar ou de como ser selecionado é fundamental para todos, principalmente porque o mundo atual do trabalho acentua a necessidade de adaptação constante em face das transformações ocorridas.

Com o objetivo de compreender essa temática, os próximos capítulos proporcionarão entendimento sobre aspectos técnicos relacionados à área de gestão de pessoas. Ao mesmo tempo, trarão um *benchmarking* (busca das melhores práticas que conduzem ao desempenho superior) das ações de Jesus que estão na Bíblia, uma fonte inesgotável de tesouros para todas as áreas da vida, inclusive profissional.

CAPÍTULO 2°

Você contrataria
Judas Iscariotes?

Veja que interessante esta carta supostamente recebida por Jesus de uma agência de empregos:

Aparências: não se impressione com elas[10]
Jerusalém, 5 de nisan de 25 A.D.

Ilmo. Sr. Jesus, filho de José.

A/C Carpintaria, 25922 Nazaré, Israel.

Prezado Senhor,

Nós, da Agência de Empregos Jordão, vimos agradecer-lhe o envio dos currículos dos doze homens que V. Sa. escolheu para posições de liderança em sua organização. Todos passaram por uma bateria de testes, e os resultados já foram lançados em nosso computador. Eles foram entrevistados individualmente por nossos psicólogos e orientadores vocacionais. Seguem anexos os resultados dos testes. V. Sa. deverá estudá-los cuidadosamente um por um. Nossa opinião é de que a maior parte de seus candidatos não tem a experiência, a formação intelectual nem a aptidão profissional que o seu tipo de empreendimento exige. Falta-lhes, por exemplo, a noção de trabalho em equipe. Recomendamos a V. Sa. continuar procurando pessoas com experiência em liderança e que tenham comprovada capacidade. Simão Pedro é emocionalmente instável e dado a acessos de mau humor. André absolutamente não tem a habilidade do líder. Os dois irmãos, Tiago e João, filhos do Sr. Zebedeu, colocam os interesses pessoais acima da lealdade empresarial. Tomé demonstra possuir uma atitude questionadora que tenderia a gerar desânimo. Sentimos ser nossa obrigação dizer-lhe que Mateus foi incluído na lista negra do Serviço de Proteção ao Crédito da Grande Jerusalém. Tiago, filho do Sr. Alfeu, e Tadeu têm ambos tendências perigosamente radicais, atingindo altos índices na escala dos maníaco-depressivos.

Um dos candidatos, entretanto, exibe um grande potencial. É um homem de capacidade e de muitos recursos, sabe lidar com as pessoas, tem uma mente para negócios como poucos, além de contatos importantes no alto escalão. Tem grande motivação, é ambicioso e responsável. Recomendamos Judas Iscariotes para a sua gerência e seu braço direito.

Augurando sucesso no empreendimento de V. Sa., despedimo-nos.

Fraternalmente,
Agência de Empregos Jordão.

Para aqueles que têm a difícil tarefa de selecionar, contratar e/ou promover pessoas, eu pergunto: você contrataria Judas Iscariotes? Se você fosse o selecionador ou requisitante da vaga, provavelmente, ao receber esta carta, sentir-se-ia muito mais confortável para contratá-lo.

Baseando-se na ilustração anterior, é possível observar o que o consultor de recursos humanos Ricardo de Almeida Prado Xavier constatou:

É muito fácil confundir imagem de competência com competência real. Na verdade, nos tempos modernos a imagem tem um peso muito significativo, e isso leva a avaliações inapropriadas, mesmo por parte de profissionais de recursos humanos, que administram processos de

JESUS HEADHUNTER

recrutamento e seleção de candidatos. Vale a pena questionar o conceito de competência com maior profundidade, para ter a orientação certa nos processos de selecionar e promover pessoas. É preciso muito cuidado nos julgamentos, pois erros custam caro [para a organização e] até mesmo para o próprio indivíduo superavaliado quanto à competência.[11]

Logo, superavaliar a competência da pessoa é tão discriminatório e prejudicial quando subavaliá-la.

Jesus dominava a arte da carpintaria, profissão que exercera junto a José, seu pai. Ele era perfeito em tudo, até mesmo no manejo das ferramentas. Trabalhava com madeira bruta dando forma às peças; primava pela qualidade do serviço e do acabamento. Exercendo sua atividade por meio do trabalho manual, era um profissional que escolhia e talhava as peças. Sabia manejar o rudimentar formão e bater com o maço (espécie de martelo de madeira) com precisão.

Obviamente que, por ocasião da formação de Sua equipe, Jesus, no papel de *headhunter*, tinha total domínio da arte de recrutar e selecionar – assim como aprendera a escolher o tipo de madeira, o lado certo para aparelhá-la convenientemente, o melhor partido para utilizar as vertentes, abrir sulcos e originar formas. Certamente, com vigor analítico e "olhar clínico", Aquele que conseguia fazer uma leitura da alma olhando nos olhos das pessoas não teria nenhuma dificuldade em fazer uma avaliação apurada com o objetivo de escolher qual seria a pessoa certa para o cargo certo.

A despeito da boa recomendação de Judas, feita pela fictícia Agência de Empregos Jordão, em detrimento dos outros candidatos, apresentando-o como um ótimo padrão de competência e adequação ao cargo, Jesus sabia qual era a real intenção de Judas. "[...] Pois Jesus sabia, desde o princípio, quais eram os que não criam e quem o havia de trair" (Jo 6:64). Embora Judas tivesse o melhor perfil, segundo os critérios da "consultoria", dentre todo o grupo, Jesus, profundo conhecedor do coração humano, sabia também que Judas apresentava algumas desvantagens.

Ao passar pela etapa de avaliação das qualificações, Judas foi superavaliado. Aparentando boa presença, conquistou a influência dos avaliadores, que não conseguiram identificar, para neutralizar ou minimizar, questões subjetivas, além de outras interferências indesejáveis que impedissem que Judas seguisse no processo seletivo. Nesse caso, houve uma interferência causada pelo efeito *halo* devido à simpatia que os avaliadores tiveram pelo indivíduo que estava sendo avaliado. O efeito *halo* consiste em "julgar todas as características como um conjunto homogêneo, sem considerar as diferenças de cada item da avaliação, isto é, todos os itens da avaliação recebem o mesmo conceito, correspondente à impressão geral do avaliado".[12] Ou seja, o efeito *halo* consiste em distorcer a avaliação de modo a permitir que o julgamento de uma característica (positiva ou negativa) seja estendido às demais características.

É claro que a ilustração utilizada no início deste capítulo e sua aplicação são apenas um recurso didático, uma figura de linguagem, no intuito de tornar claro o assunto. Doravante, a Bíblia nos orienta como uma luz maior e padrão supremo, assim como outros textos extraídos de literatura relevante, por exemplo, dos livros de Ellen G. White, como *O Desejado de todas as nações*. Este, na categoria biografia de Jesus Cristo, contribui para a compreensão da Bíblia, apresenta uma visão panorâmica da equipe de Jesus e lança luz sobre a pessoa de Judas e suas motivações para seguir e atraiçoar o Mestre.

Se você acha uma pessoa interessante, há uma predisposição para encontrar pontos positivos nela. A escritora norte-americana Ellen White ressalta que até mesmo os demais discípulos da equipe de Jesus estavam ansiosos para que Judas fosse contado entre eles.

Tinha imponente aparência, era dotado de perspicácia e habilidade executiva, e eles o recomendaram a Jesus como pessoa que Lhe seria de grande utilidade na obra. [...] Houvesse Ele [Jesus] repelido a Judas, e teriam, em seu íntimo, posto em dúvida a sabedoria do Mestre.[13]

A história posterior de Judas revelar-lhes-ia o perigo de permitir que qualquer consideração desregrada influísse no julgamento da capacidade de homens para atuar numa carreira elevada. Judas se esforçava para

JESUS HEADHUNTER

ser contado entre o grupo, professava ser seguidor de Cristo e desejava um lugar nesse círculo mais íntimo de discípulos. Porém, Jesus sabia que Judas, ao unir-se ao grupo, esperava obter vantagens temporais e assegurar para si alta posição no "novo reino terrestre" que ele achava que Jesus estabeleceria. Seus interesses divergiam, e muito, quanto à missão, visão e valores do "empreendimento" do grande Mestre.

Possivelmente Jesus tinha o costume de advertir cada discípulo voluntário, como também os que Ele chamava pessoalmente, sobre as privações e os sacrifícios que acompanhavam a posição. Em várias ocasiões pode ter empregado palavras similares às que se registram em Mateus 8:20 — "[...] As raposas têm seus covis, e as aves do céu, ninhos; mas o Filho do Homem não tem onde reclinar a cabeça" –, com a intenção de desestimular a esperança daqueles que buscavam segui-Lo em busca de apenas favores temporais.[14]

É bem verdade que Judas tinha um conjunto de competências que o recomendava e o qualificava para atuar em diferentes organizações, porém seu perfil não se adequava à "empresa" de Jesus. Os valores organizacionais são formados em grande parte pelos valores pessoais. Diante disso, a busca por talentos é norteada pela congruência de valores desejados, e Judas destoava daquilo que lhe era requerido, ou seja, o problema era que ele queria os benefícios do cristianismo, mas também as vantagens ambicionadas por uma boa parcela dos que destoavam dos princípios do cristianismo: fama, posição, riqueza e influência. Almejava tanto o poder do Evangelho quanto o poder do dinheiro. Posteriormente, acabou ficando sem as duas coisas, pois Jesus dissera que ninguém pode servir a dois senhores (Mt 6:24).

Em tempo algum na "empresa" de Jesus aceitou-se concorrência de afeição. Desde o início, todos que eram admitidos para ocupar uma posição faziam a necessária aquiescência à "Declaração de conflito de interesse e de compromisso", ou seja, assumiam o dever de estar isentos da influência de qualquer conflito de interesse ou de compromisso enquanto estivessem servindo à organização ou representando-a em negociações ou tratando com terceiras partes. Entende-se conflito de interesse como quaisquer circunstâncias sob as

ALCIDES FERRI

quais o admitido, devido a interesses financeiros ou outros, presentes ou potenciais, direta ou indiretamente, possa ser influenciado ou pareça estar influenciado por qualquer motivo ou desejo de vantagem pessoal, tangível ou intangível, que não seja o sucesso e o bem-estar da organização. Da mesma forma, toda situação que interfira na capacidade de o admitido desempenhar seus deveres eficientemente; o exercício de atividades duplas, compensadas ou não, que de alguma forma interfira no desempenho dos deveres e responsabilidades do colaborador são considerados conflitos de compromisso.

Uma vez atuando no "ambiente corporativo" de Jesus, a prova de fogo não é tanto o que se aceita, mas o que se renuncia – o que se perde por causa de uma dedicação exclusiva que a posição requer. "Porquanto, quem quiser salvar a sua vida perdê-la-á; e quem perder a vida por minha causa achá-la-á" (Mt 16:25). Judas fracassaria precisamente aqui. Quando Jesus mostrou seus *gaps*, não se dispôs a abandoná-los.

Nesta altura surge uma pergunta significativa: se Jesus sabia, desde o início, quem era Judas e qual a sua real intenção, por que permitiu que ele fosse um dos componentes de Sua equipe de trabalho? Parece um paradoxo, mas pequenas quantidades de ouro podem às vezes ser encontradas na pirita (mineral conhecido como "ouro dos tolos" por ser parecido com ouro – ver capítulo 5). De fato, dependendo da quantidade de ouro, a pirita pode vir a ser uma fonte valiosa do metal.

Para um geólogo, areia não existe, cada grão é considerado uma rocha. O geólogo investiga as características das partes interiores e exteriores da Terra na tentativa de compreender a estrutura e os processos que formaram o planeta como o conhecemos hoje. Jesus, como conhecedor profundo das propriedades físicas da Terra, pois Ele a formou — "No princípio, criou Deus os céus e a terra" (Gn 1:1) –, também conhece plenamente o homem, sua estrutura e personalidade, sendo que: "Então, formou o Senhor Deus ao homem do pó da terra [...]" (Gn 2:7). Para Jesus, o Geólogo por excelência, cada ser humano é distinto, peculiar e merecedor de atenção e interesse. Por isso permitiu a Judas, mesmo sendo um "grão de areia", ser contado entre os doze na tentativa de torná-lo uma "rocha".

JESUS HEADHUNTER

Processo com foco no candidato-cargo-cultura

Para obtenção de resultados favoráveis no processo de recrutamento e seleção, é fundamental que a construção do perfil ideal do candidato esteja alinhada às características do cargo e aos aspectos da cultura organizacional. Não é suficiente seguir apenas a premissa com foco no trabalho – a pessoa certa no cargo certo –, também é essencial atentar para a premissa com foco na cultura organizacional.

Os processos de captação e seleção têm como objetivo selecionar os profissionais mais talentosos. De acordo com o *headhunter* americano Lou Adler, citado pela psicóloga, *coach* e especialista em gestão de pessoas Walnice Almeida,[15] o processo é composto por quatro estágios integrados:

- 1º estágio: atração – qualquer tipo de ação para atrair os candidatos;
- 2º estágio: triagem – ações voltadas para a eliminação de candidatos não qualificados;
- 3º estágio: avaliação – ações voltadas para avaliar as qualificações dos candidatos;
- 4º estágio: decisão – ações para decidir entre os candidatos finais.

Objetivando gerar maior probabilidade de sucesso na contratação, é necessário um processo criterioso e bem conduzido. Todos os estágios são importantes, mas é fundamental dar prioridade ao estágio 3 a fim de obter informações precisas para a tomada de decisão no estágio 4.

Daniele Cristine Nickel e Maria Alice Pereira de Moura e Claro (mestres em Administração e doutoras em Engenharia da Produção) dizem que:

O levantamento e a busca de correlação entre comportamentos, algumas características de personalidade, interesses, aptidões e capacidades, experiências profissionais anteriores, conhecimentos específicos na área, estabilidade profissional, expectativas em relação à empresa, entre outros, compreendem um processo complicado, principalmente porque, na avaliação de alguns aspectos comportamentais, pode ocorrer

ALCIDES FERRI

a interferência da subjetividade. Assim, a preparação, a competência, a atitude profissional e a ética das pessoas envolvidas num processo seletivo é essencial, de forma que possuam uma autopercepção e uma autocrítica muito desenvolvidas, a fim de que não se deixem influenciar pelos seus valores pessoais, preconceitos e estereótipos, levando-as a uma avaliação superficial, atrelada aos seus critérios pessoais, desconsiderando as estratégias e os objetivos organizacionais.[16]

O objetivo aqui não é evidenciar que o método A é melhor que o método B, ou vice-versa, no processo de seleção. Cada um dos diferentes métodos comumente utilizados traz suas vantagens e desvantagens. É válida uma combinação de procedimentos que, em seu resultado, dê maior assertividade nas escolhas e tomadas de decisão.

Nem sempre a contratação de um novo colaborador recebe a atenção necessária, tanto da parte dos responsáveis pelo recrutamento e seleção, como pelos requisitantes das vagas (gestores). O sucesso por trás de qualquer processo de recrutamento e seleção depende da identificação do trinômio CHA, conhecimentos, habilidades e atitudes (modelo de competência conceituado por Thomas Durand)[17] importantes ao cargo/função e de uma política adequada ao propósito do negócio, com vistas a ter colaboradores alinhados à cultura organizacional. É preciso que haja eficiência e eficácia.

Um estranho no ninho

Uma avaliação consistente por ocasião do processo seletivo é fundamental para que ocorra uma escolha acertada a fim de que o candidato esteja alinhado à cultura da organização.

Um fato curioso e até mesmo irônico que salta aos olhos na história de Osama bin Laden é que, num dado momento, ele e os americanos lutaram do mesmo lado contra os soviéticos no Afeganistão. Tal relação teve início quando os Estados Unidos, por meio da CIA (Agência Central de Inteligência), apoiaram um grupo liderado por Bin Laden com o propósito de combater a invasão russa no Afeganistão (1979-1989). Os objetivos de Osama, até então, pareciam ter um caráter muito mais operacional do que

JESUS HEADHUNTER

ideológico. No entanto, os Estados Unidos estavam "dormindo com o inimigo" e fazendo um favor para quem seria o seu maior rival.

Bin Laden encontrou, nessa relação e apoio, terreno favorável para fundar a organização Al Qaeda (A Base) e agir, posteriormente, por meio de ações terroristas. Sua relação com os Estados Unidos, no auge da chamada Guerra Fria, foi oportuna, pois, mesmo sendo rico, se beneficiou com o tempo que precisava, com a liberdade, com armas, dinheiro e capacitação para criar sua infraestrutura do terror. Defendeu que os fins justificam os meios. Em 1991, decidiu opor-se aos Estados Unidos por não aceitar a sua presença na Arábia, com o que passou de aliado a inimigo número um, desferindo ataques terroristas contra os americanos, mais precisamente os ocorridos em 11 de setembro de 2001.

Não fosse talvez o apoio dos Estados Unidos e sua interpretação de que Osama bin Laden era o homem ideal a ser recrutado para os objetivos propostos, possivelmente os episódios de terrorismo teriam sido minimizados. No entanto, os resultados dessa escolha são conhecidos. De igual forma, hoje, no ambiente organizacional, é preciso muita cautela por parte da área de recursos humanos e seu subsistema de recrutamento e seleção na contratação de um novo colaborador, a fim de que erros não sejam cometidos, trazendo para dentro da empresa uma pessoa orientada por objetivos e valores que não coadunem com os da organização.

É notório observar empresas que dão todo o treinamento necessário e capacitação para que o profissional se desenvolva e se familiarize com a execução do trabalho, tornando-o mais preparado e apto. Também é de conhecimento que muitas empresas reclamam que o profissional, uma vez treinado e preparado, acaba indo para o concorrente, ocasionando custo, porque haverá necessidade de se treinar outro profissional e ainda a concorrência vai se beneficiar. A raiz do problema, muitas vezes, está no início do processo. Ou seja, a política de retenção e de valorização de talentos não estava atrelada à fase de recrutamento e seleção. Desde o primeiro momento, o candidato deverá passar por etapas que identificarão não apenas se ele é o profissional certo para a vaga certa, mas se ele é o profissional certo para a empresa certa. No entanto, nem sempre se sabe determinar, principalmente, a pessoa certa, e o que, a princípio, parecia ser a solução acaba sendo o problema. Por isso, é importante que a descrição de cargo esteja balizada pelos principais traços culturais da organização.

Além de exigir dos candidatos o conhecimento técnico e a formação que o cargo exige, é primordial a procura por pessoas com competências específicas às necessidades da empresa. O candidato pode até ter conhecimento (saber) e habilidade (saber fazer), mas, se sua atitude/comportamento (querer fazer) destoa daquilo que a empresa espera dele, fatalmente, se houver a contratação, os envolvidos confrontar-se-ão com possibilidades de riscos para a empresa.

O outro lado também é verdade. Quando o colaborador não consegue perceber sua importância dentro da organização e sente que seus objetivos não combinam com os da empresa ou que não são contemplados pela empresa, provavelmente buscará novas oportunidades em outros lugares, preterindo assim a empresa que o contratou. Por isso é fundamental que ocorra, desde a contratação, compatibilidade de valores entre a organização e o colaborador, de modo que haja capacidade de adaptação de ambos. Uma avaliação mais precisa no processo seletivo evitará erros e proporcionará uma escolha mais acertada, promovendo harmonia entre empregado e empregador. Caso contrário, "um estranho no ninho" sempre será sinônimo de problemas futuros, ainda que no presente se mostre útil.

CAPÍTULO 3°

Compatibilidade entre competências

Na mira do headhunter

Para Walnice Almeida, o termo "talento" refere-se "à pessoa que traz em sua bagagem um conjunto privilegiado de competências, isto é, conhecimentos, habilidades e atitudes, que a diferencia de outras".[18] Os profissionais que atuam no mercado de trabalho como *headhunters* têm como objetivo recrutar (identificar, encontrar talentos) e selecionar (diferenciar os melhores dentre os identificados) em conformidade com aquilo que a organização deseja. Pelo fato de as empresas competirem cada vez mais pelos funcionários qualificados e que se sobressaem, principalmente aqueles que se encontram empregados, nos últimos anos aumentou a procura pelos serviços dos *headhunters*, pois são eles que têm a incumbência de abordar e atrair a pessoa para uma mudança de emprego. Assim sendo, a função do *headhunter* tem ganhado importância cada dia mais nos processos de seleção, pois permite que muitas empresas localizem pessoas específicas para diferentes posições, que vão desde mão de obra técnica até gerentes e diretores. Por isso, todo profissional que deseja estar na mira de um *headhunter* precisa estabelecer uma rede de contatos (*networking*), pois é por meio de indicações que eles normalmente agem.

Para que os empregadores potenciais se interessem por você, é preciso que seu perfil esteja alinhado àquilo que eles buscam. Mas apenas isso não basta. É necessário também que sua visibilidade seja maximizada. Para tanto, é fundamental a participação habitual em palestras, cursos, seminários, congressos, etc. A presença nas redes sociais também passou a ser uma imposição em termos de marketing pessoal. Atualmente elas são consideradas ferramentas importantes de *networking*. Os selecionadores podem identificar o perfil, os valores e os interesses pessoais dos profissionais sujeitos à oportunidade de emprego, verificando se eles são adequados à cultura da organização. Por meio da utilização das redes de relacionamento, a pessoa pode ser vista como um bom profissional ou não, por isso é preciso ficar atento ao que deve ou não ser partilhado na internet. Conforme o profissional se posiciona nas redes de relacionamento, ele eleva ou não seu grau de atratividade para o mercado.

Competências requeridas pelas empresas e competências individuais

Cada organização tem suas expectativas quanto às competências profissionais relevantes ao sucesso dos negócios. Ao mapeá-las, a área de gestão de pessoas (RH) tem maiores chances de atrair e reter bons colaboradores, bem como avaliar se as competências individuais se harmonizam com as competências desejadas pela empresa.

O Prof. Idalberto Chiavenato, autor brasileiro na área de administração de empresas e de recursos humanos, afirma:

O processo seletivo nada mais é do que a busca de adequação entre aquilo que a organização pretende e aquilo que as pessoas oferecem. Contudo, não são apenas as organizações que selecionam. As pessoas também escolhem as organizações onde pretendem trabalhar. Assim, trata-se de uma escolha recíproca [...].[19]

JESUS HEADHUNTER

O profissional, uma vez contratado, certamente, com o passar do tempo, ambicionará galgar melhores posições na hierarquia da empresa. Por isso as pessoas farão de tudo para que suas características estejam alinhadas às da organização. No entanto, é preciso que o profissional também se autoavalie para certificar-se de que suas características correspondam de fato às da empresa, pois, quando a aparência chama mais atenção do que aquilo que o profissional realmente é, corre-se o risco de perder oportunidades.

Quando o candidato participa de uma entrevista com a finalidade de pleitear uma posição, para que o entrevistador saiba mais a fundo quais são suas competências que mais eficazmente correspondem às necessidades da organização, é preciso observar quanta importância tem o conhecimento, a habilidade e a atitude – o trinômio CHA –, mas também estar em sintonia no momento em que o entrevistador pedir para o candidato evidenciar: "o que você sabe, o que você sabe fazer e o que você quer fazer com o que sabe". A partir daí é possível estabelecer uma noção de compatibilidade entre as competências requeridas pela empresa e as competências individuais.

As aparências podem enganar alguns selecionadores e assim favorecer àquele que estiver pleiteando uma posição num processo seletivo ou podem também recomendar quem almeja uma promoção dentro de um ambiente corporativo. Isto é, a capacidade de imprimir uma ideia e uma lembrança na mente das pessoas, para a vida e a carreira, vale muito. Porém, quando as competências apresentadas, por meio das aparências, forem posteriormente submetidas a um processo de avaliação no dia a dia do profissional ou quando efetivamente houver a necessidade de demonstrar provas reais de suas competências, é recomendável ter tais competências ou, pelo menos, tratar de desenvolvê-las. Caso contrário, a posição alcançada pelo profissional não terá sustentabilidade, o que, dependendo da empresa, poderá culminar em desligamento.

Segundo o Prof. Joel Souza Dutra (mestre e doutor em Administração): "A agregação de valor dos indivíduos é, portanto, sua contribuição efetiva ao patrimônio de conhecimentos da organização, o que lhe permite manter suas vantagens competitivas ao longo do tempo."[20] Percebe-se, dessa forma, uma forte relação entre as competências requeridas pelas empresas e as competências individuais, confirmando que a pessoa certa no lugar certo e na organização certa pode ser um grande diferencial competitivo.

Avalie a sua marca e as suas competências

Quando alguém diz seu nome, no que as pessoas pensam? Qual é a sua marca? No caso do personagem Judas, seu nome tornou-se sinônimo de traidor. Todas as vezes em que o nome dele é lembrado, o retrato convencional é daquele que entregou Jesus aos seus capturadores por 30 moedas de prata.

A revista Você S/A, numa matéria feita pela jornalista Fabiana Corrêa, mostrou que:

> [...] não adianta se esforçar para parecer algo em que você não acredita [ou que você não é]. Por isso não confunda marca pessoal com marketing pessoal. Marca é a reunião de seus talentos e atributos – bons e ruins. E marketing é como você vai mostrar ao mundo todas essas características. Claro que não adianta ter conhecimento de tudo o que você pode acrescentar a uma empresa se não fizer um pouco de "propaganda" das suas virtudes. Uma marca que não anuncia será esquecida pelo mercado. Mas, sem valor e conteúdo, ela dificilmente consegue manter-se de pé.[21]

Se você não é o que aparenta ser, tome cuidado. Ninguém consegue atuar como um ator por muito tempo. Um dia a máscara vai cair, e, quando acontecer, a realidade poderá comprometer sua reputação, credibilidade e imagem profissional. Embora a aparência seja importante, se aquilo que está por dentro não retratar a expectativa criada, você certamente sofrerá descrédito. Portanto, a sugestão é: proponha-se uma autocrítica e uma autoanálise, avaliando o seu comportamento no que tange a sua marca pessoal, pois não é suficiente aparentar, é preciso ser, sobretudo com propriedade. Procure transformar seus pontos negativos em positivos na tentativa de consolidar a sua marca – o que você é em sincronia com o que aparenta ser.

JESUS HEADHUNTER

Para a sua necessidade de manter-se empregável e apto a ser promovido, é importante, sempre, avaliar quais são realmente as suas competências e a compatibilidade delas em relação às competências requeridas pelas empresas – ou seja, qual o impacto desse fator quando você pleiteia uma posição num processo de seleção profissional ou quando busca galgar novas posições, uma vez empregado, na hierarquia das empresas; verificar se existe uma lacuna entre o que se espera de você e aquilo que você realmente pode oferecer, o que, em última instância, passa a ser a condição para sua empregabilidade e promotabilidade.

É válida toda e qualquer informação na tentativa de contribuir para uma melhor preparação dos profissionais diante dos processos seletivos e/ou oportunidades de promoções. O problema não está nas informações, mas no mau uso que os profissionais fazem delas no sentido de beneficiar apenas a aparência em detrimento da essência. Quando o candidato faz uso de uma determinada informação que o leva a mascarar o seu perfil, o efeito poderá ser contraproducente.

Exemplo 1: determinado site ou revista sobre gestão de carreira aborda uma matéria sobre o tema "Como se comportar quando a empresa exige disponibilidade para viajar". Munido das orientações, ao pleitear uma vaga que exige tal disponibilidade, o candidato se posiciona como quem consegue equilibrar bem vida pessoal, trabalho e viagens, mas, na verdade, ele não tem perfil para viajar. O candidato consegue passar e ser contratado, mas em algum momento a verdade aparece. Chega uma hora em que o profissional não pode manter o prometido e é cobrado. O selecionador o confronta com as afirmações proferidas por ocasião da entrevista. Se o candidato afirmou que tinha disponibilidade para viajar em prol da empresa, mas depois se mostrou relutante quanto ao combinado, cedo ou tarde a real situação ficará definida, e o engano cairá por terra.

Exemplo 2: ao participar de um processo seletivo, o candidato poderá passar por uma entrevista em outro idioma, algo cada vez mais comum, principalmente em inglês. Seja qual for o nível do idioma que o candidato tem, é preciso deixar isso bem claro desde o início da conversa e nunca assumir o que não é possível ser cumprido. Se ele tem um inglês intermediário, o selecionador ciente de suas limitações tenderá a realizar a entrevista dentro do nível sinalizado. Caso contrário, o selecionar será mais exigente, o que pode preterir o candidato.

Caso perceba que existe um *gap* entre suas competências em relação às competências requeridas, não tente jamais fazer de conta que está tudo bem e transmitir uma imagem favorável para lograr êxito. Você estará enganando não apenas aos outros, mas a si mesmo. "Porque, se alguém julga ser alguma coisa, não sendo nada, a si mesmo se engana" (Gl 6:3). Procure se engajar no sentindo de tentar se desenvolver com a intenção de tornar-se mais preparado e assim obter um aproveitamento maior nas oportunidades futuras.

Saiba que, apesar de ser detectada uma deficiência em relação às suas competências para assumir determinada posição, esse fator é minimizado quando você percebe tal incompatibilidade e busca aprimoramento. Aqueles que podem favorecê-lo observarão se realmente você planejou e executou ações para ampliar suas competências. Sendo assim, você poderá de forma mais adequada ser recompensado por sua entrega e será avaliado como de grande valor.

CAPÍTULO 4°

Aparência versus essência

Há quem diga que os seres humanos deveriam vir ao mundo com um manual de instruções, para que, ao longo da vida, nos contatos e relações, as pessoas interessadas pudessem consultar esse manual. Mas sabemos que cada pessoa é única porque é diferente de todas as outras.

O Prof. Idalberto Chiavenato relata que:

Se não houvesse as diferenças individuais e se todas as pessoas fossem iguais e reunissem as mesmas condições individuais para aprender e trabalhar, a seleção de pessoas seria totalmente desnecessária. Acontece que a variabilidade humana é enorme: as diferenças individuais, tanto no plano físico (estatura, peso, compleição física, força, acuidade visual e auditiva, resistência à fadiga, etc.) como no plano psicológico (temperamento, caráter, inteligência, aptidões, habilidades, competências, etc.), levam as pessoas a se comportar diferentemente, a perceber situações de maneira diferente e a se desempenhar diferentemente, com maior ou menor sucesso nas organizações.[22]

ALCIDES FERRI

Quando, por ocasião de um processo de seleção profissional, o candidato passa pelas atividades aplicadas pelo selecionador, tais como dinâmicas de grupo, entrevistas, provas situacionais e testes de seleção, objetivando detectar de forma prática qualidades, comportamentos e competências, é fundamental o selecionador avaliar se existe uma relação de contraste entre a aparência e a essência.

É preciso considerar que a aparência às vezes se apresenta oposta à verdadeira realidade; diferente da essência, que diz respeito à natureza própria e real. No que tange ao processo de seleção, o jogo de cena produzido, muitas vezes, pelo candidato permite criar efeitos no sentido de tentar convencer o selecionador de que não existe nenhum contraste entre aparência e essência. Para tanto, o candidato se comporta como um ator em cena durante o processo, com o objetivo de "vender" uma imagem para impressionar e conseguir uma oportunidade de emprego. Por isso muitos candidatos têm utilizado o gerenciamento de impressão, que consiste no autogerenciamento que as pessoas fazem de seu comportamento diante de seus interlocutores, de modo a tentar controlar as impressões que os outros têm delas.

Os Profs. José Ricardo Costa de Mendonça (doutor em Administração) e Roberto Costa Fachin (doutor em Ciências Humanas) destacam que:

A expressão "gerenciamento de impressões" é normalmente identificada como associada ao texto clássico de Erving Goffman (1959), que, ao discutir a representação do eu na vida cotidiana, introduz a expressão e apresenta a metáfora dramatúrgica para o entendimento das relações interativas das pessoas em sociedade. [...] Ao representar papéis e interagir com outros, exerce-se o que Goffman [...] denominou de gerenciamento de impressões. Assim, acredita-se que a metáfora dramatúrgica é relevante para o entendimento da ação do indivíduo nas organizações.[23]

Para as Prof[as]. Maria L. Carvalho e Carmem L. I. Grisci, "o próprio termo 'gerenciamento de impressão' remete à gestão e à sua crença de controlar o mundo adverso, a partir de receitas prescritivas que, por si só, proporcionariam o alcance do sucesso".[24] Já as Prof[as]. Daniele C. Nickel e Maria Alice P. de M. e Claro pontuam que:

No caso de haver um despreparo do selecionador, poderá ocorrer a manipulação por parte do candidato durante o processo seletivo. Cabe ressaltar, também, que o candidato poderá manipular as informações sobre si mesmo ou comportar-se de forma diferente ao se sentir ameaçado.[25]

No entanto, quando as atividades aplicadas são bem conduzidas e o selecionador bem preparado e apto, o resultado obtido é de descobrimento da realidade. O que estava escondido se torna patente, e aquilo que era apenas visível é sobrepujado pelo que é real. Assim, o selecionador perceberá que a aparência (o que está visível) nem sempre corresponde à realidade; que a cena apresentada poderá ocultar estratégias na tentativa de ludibriar. Fica evidente que a essência poderá ser ocultada pelo que se quer mostrar a partir da aparência.

Em qual zona você está?

Para corroborar com o que foi exposto, segue uma definição esclarecedora sobre as três condições nas quais as pessoas estão alocadas, denominadas de zona de integridade, zona de aparência e zona de degradação.

A zona de integridade é definida como uma condição na qual uma pessoa se encontra por ter a sua vida balizada por princípios e valores éticos. Nessa condição, a pessoa demonstra um forte comprometimento ético e moral para desenvolver suas ações, a fim de promover o bem-estar para todos os envolvidos, inclusive para ela mesma, conforme se vê na Figura 1:

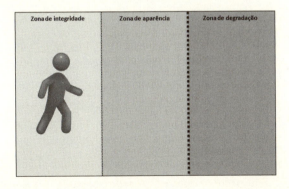

Figura 1: Zona de integridade.

Já a zona de aparência é definida como uma condição na qual uma pessoa se encontra por tentar projetar um comportamento adequado do ponto de vista ético e moral, mas, ao agir de forma camuflada, perde a autenticidade e a consistência de sua integridade. Nessa condição, a pessoa torna-se condescendente, ou seja, concorda em praticar alguma coisa ainda que devesse recusar. Quem se encontra nessa esfera quer oportunidade com imunidade, isto é, quer usufruir dos benefícios procedentes de um comportamento aceitável e, ao mesmo tempo, levar supostas vantagens com os deslizes cometidos. O comportamento adotado, por vezes, é dissimulado e esconde convenientemente os reais motivos das atitudes, a fim de evitar qualquer punição e enviesar a aparência como uma forma viável de boa reputação, por isso a pessoa tende a permanecer nessa zona, também denominada de zona intermediária, conforme a Figura 2:

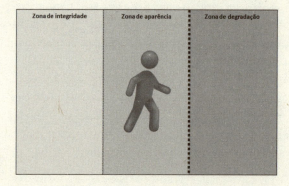

Figura 2: Zona de aparência.

A zona de degradação é definida como uma condição na qual uma pessoa se encontra desprovida de integridade de caráter. Nem sequer se preocupa com a maneira correta de agir no que se refere à ética ou à moralidade, pois é destituída de qualquer escrúpulo. Nesse contexto, é válido dizer que uma pessoa perde a salvação quando perde a sua integridade, dado que Jesus indagou: "Que aproveita ao homem ganhar o mundo inteiro e perder a sua alma?" (Mc 8:36). Logo, de nada adianta a pessoa fazer concessões no sentido de romper com princípios e valores e se permitir um comportamento antiético e imoral se com isso ela deixa de assegurar a integridade de seu ser, a totalidade de seu caráter e o valor de sua existência. A zona de degradação pode ser visualizada na Figura 3:

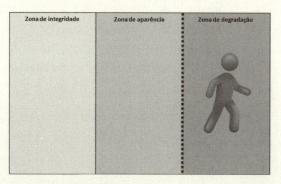

Figura 3: Zona de degradação.

Note que a primeira linha, que divide a zona de integridade da zona de aparência, é mais tênue do que a segunda linha, que divide a zona de aparência da zona de degradação. Quem não é comprometido com a zona de integridade facilmente ultrapassa a primeira linha e fica vulnerável para atravessar a segunda.

Na zona intermediária, a pessoa adota determinados comportamentos apenas para ser politicamente correta e atender as convenções sociais, mas trata-se apenas de aparência de zelo. No fundo, a neutralidade e a diplomacia servem para disfarçar suas péssimas ações e intenções. Se num momento pratica uma ação saudável, noutro permite-se uma transgressão, como se fosse um mecanismo de compensação entre débitos e créditos. Contudo, é inócua qualquer atitude positiva face às aparências. Não é à toa que as palavras registradas em Apocalipse 3:15-16 demonstram, da parte de Deus, total rejeição para com aqueles que estão na condição de "mornos". Jesus disse: "Conheço as tuas obras, que nem és frio nem quente. Quem dera fosses frio ou quente! Assim, porque és morno e nem és quente nem frio, estou a ponto de vomitar-te da minha boca." Perceba que Ele é tolerante com o frio e com o quente, mas não suporta o morno. Quem não assume uma identidade definida deve saber que corre o risco de ser rejeitado e banido.

ALCIDES FERRI

Estar na zona de aparência (morno) pode ser tão ou mais prejudicial que estar na zona de degradação (frio). Esta remete a uma condição de completa inexistência de valores e de desamparo, o que pode levar a pessoa a se arrepender e mudar, ao passo que naquela a pessoa pode considerar que está tudo bem, não sentindo necessidade de arrependimento e mudança. No entanto, quem se esmera por perseverar na zona de integridade (quente) será honrado e estará a salvo de consequências funestas.

CAPÍTULO 5°

Nem tudo que reluz é ouro

Frases feitas e senso comum têm o seu valor. E, segundo o adágio popular, "nem tudo que reluz é ouro", ou seja, nem sempre o que parece ser é. A expressão representa a ideia de que não devemos valorizar excessivamente as "aparências" ao julgar qualquer coisa ou pessoa.

Conhecido desde a antiguidade, o ouro é considerado como um dos metais mais preciosos, tendo sido empregado para cunhar moedas ao longo da história e usado como padrão monetário em muitos países. O ouro é utilizado de forma generalizada em joalheria, bem como reserva de valor.[26] Sua bela cor amarela, brilhante, sua imutabilidade e singularidade fazem dele um metal precioso por excelência.

Existem inúmeros metais que, aos olhos, podem ser confundidos com o ouro. Um deles é a chamada pirita. Esse mineral apresenta grandes semelhanças se comparado ao ouro. É amarelo como o ouro, tem brilho como o ouro, mas não é ouro. "Na verdade, as diferenças entre os dois minerais são muito maiores que as semelhanças, e basta um exame mais atento ou alguns testes simples para saber se é ouro ou pirita."[27] No entanto, por causa do seu brilho, muitas vezes os garimpeiros amadores confundem a pirita com o ouro, daí o seu apelido de "ouro dos tolos". O nome popular do minério pode ser lido como uma metáfora para alguns candidatos que participam nos processos de seleção profissional. O "candidato pirita" procura um modo de seduzir os selecionadores na tentativa de alcançar a contratação.

O ouro é mais pesado que a pirita. O "candidato ouro" tem um peso muito maior em relação ao "candidato pirita". Isto é, o "candidato ouro" é dotado de competências que farão dele um diferencial; cada competência tem um peso maior quando o profissional é submetido à avaliação. É notável a diferença de um candidato com a densidade do ouro na disputa por uma vaga.

Apresenta o ouro uma cor amarela metálica, no entanto seu brilho não é tão intenso quanto o da pirita, principalmente no estado bruto. O "candidato pirita" pode num primeiro momento se mostrar mais brilhante, mas nunca terá o mesmo valor do "candidato ouro", principalmente quando for submetido a uma análise mais profunda durante o processo de seleção a fim de detectar seu real e grande valor.

Em relação à dureza, o ouro apresenta maleabilidade e, ao ser forçado, fica amassado. A pirita é constituída de cristais pequenos, é dura e quebradiça. Assim, ao receber impacto, vai se quebrar. O "candidato pirita" tende a se "cristalizar" no que tange manter-se atualizado em seu mercado de atuação e nas novas tecnologias, ou seja, não busca a preparação e o aperfeiçoamento adequados para o exercício da profissão. Se lançado na arena do mercado, certamente, diante das pressões do cotidiano profissional, não terá o nível de resiliência necessário para transpor os momentos conturbados e vai se "quebrar". Já o "candidato ouro" sofrerá os mesmo impactos, mas será mais maleável e por consequência mais flexível, competências que são extremamente importantes no ambiente corporativo de hoje em dia. O "candidato ouro" buscará o aprimoramento constante para o melhor exercício de seu trabalho e, como o ouro, que aceita liga metálica com o cobre e com a prata, empenhar-se-á em se aliar àqueles que podem agregar valor ao negócio.

O ouro conduz corrente elétrica; a pirita, não. O "candidato ouro" transmite, acompanha, guia e conduz, ao passo que o "candidato pirita" não tem as mesmas características.

JESUS HEADHUNTER

É sabido que as chances de se encontrar pirita são muito maiores que as de se encontrar ouro, pois a pirita é muito comum, enquanto o ouro é mais escasso. Planejamento e investimento são fundamentais num processo de seleção. Só assim haverá rapidez e serão evitados problemas e prejuízos. Por isso a participação da área de recursos humanos nas reuniões de planejamento a torna mais estratégica, uma vez que, ciente das informações necessárias, poderá, previamente, preparar-se melhor para uma necessidade de contratação. Quando o setor de recursos humanos está alinhado às estratégias da empresa, consegue ter mapeado o mercado, vislumbrando os talentos necessários à organização. Dessa forma, o "candidato ouro", que para o selecionador e/ou requisitante é o candidato ideal à vaga, é prospectado com maior facilidade.

É bem verdade que muitas vezes não se encontrará o candidato ideal à vaga, mas o objetivo maior é selecionar, entre os candidatos recrutados, aquele mais adequado. Uma liga de 12 quilates contém 50% de ouro. O ouro 18 quilates é composto por 18 partes de ouro e 6 partes de outro metal, enquanto que o ouro 24 quilates é ouro em estado puro. Nem sempre o "candidato ouro" é aquele que satisfaz 100% a empresa. Ou seja, a empresa muitas vezes não encontrará o profissional 24 quilates, que seria o ideal, mas encontrará o profissional 18 ou 12 quilates, que poderá atender de forma adequada a posição em aberto.

Quanto ao fato de um candidato não ser selecionado não é porque necessariamente ele tem um perfil que aparenta ser o que não é – "candidato pirita" –, pode simplesmente significar que ele não é o mais adequado para aquela vaga/empresa, assim como aquela vaga/empresa pode não ser a mais adequada para ele. Mas é preciso ter cuidado, pois, se o candidato contratado é do tipo "pirita", é grande o risco de ele se tornar um "colaborador pirita", o que será péssimo para a empresa.

Portanto, para aqueles que têm a difícil tarefa de selecionar e contratar pessoas, é preciso estar mais atento ao brilho que lhes é passado sobre certos candidatos, pois, ao se checar com maior assertividade, pode-se descobrir que o ouro não passa de puro latão. Nesse caso, recrutamento e seleção são iguais à mineração: o real valor só é revelado depois da apuração.

CAPÍTULO 6°

Candidato iceberg

Com a intenção de fortalecer o conceito de que nem tudo o que se vê é necessariamente real, podemos utilizar uma outra expressão, que diz: "isso é só a ponta do iceberg". A imagem do iceberg ilustra bem a dificuldade de se distinguir entre o real e o aparente, uma vez que aquilo que se consegue enxergar é apenas o que se projeta acima da água, ao passo que a maior parte, que não conseguimos ver, está submersa. O que está visível nem sempre condiz com o que está escondido.

O "olhar" do selecionador sobre os candidatos mais o jeito de ser de cada candidato resultam em subjetividade. É preciso considerar que existe essa especificidade no processo seletivo, por mais que tentemos tratá-lo de forma objetiva. Por isso é preciso ir além daquilo que está na superfície e compreender mais do candidato – seu histórico de vida e profissional, o momento atual e as perspectivas quanto ao futuro. Pode ser que o candidato apresente plenas e boas condições por meio da parte que emerge, ou seja, num primeiro momento se manifesta de maneira satisfatória aos olhos do selecionador, mas um olhar mais profundo poderá revelar características indesejadas.

Nesse caso, como descobriríamos isso? Será que apenas a utilização de uma ferramenta, como um teste seletivo, identificaria essa questão? Certamente não. É preciso muito mais que isso. Icebergs são muito mais do que aparentam ser. Por essa razão, esteja atento, não se detenha apenas à ponta da grande geleira. Para conhecê-lo, a única forma é mergulhar em águas frias e profundas.

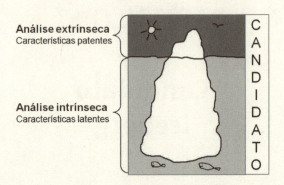

Figura 4: Analogia entre um iceberg e um candidato. Fonte: autor.

Icebergs são pedaços enormes de gelo flutuando no mar provenientes das geleiras existentes nas calotas polares. Embora saibamos de onde eles vêm e tenhamos uma ideia geral do modo como se comportam, os icebergs podem parecer bastante ameaçadores. De blocos flutuantes não maiores que um carro até aqueles com centenas de quilômetros quadrados de extensão, os icebergs tomam muitas formas diferentes. Têm muito de enganoso, pois apenas cerca de 10% de sua massa emerge da água, e a porção maior, cerca de 90%, permanece submersa, invisível. Daí o enorme perigo que conferem especialmente às embarcações.[28]

Desse fato concreto da natureza decorre o dito popular (conotativo) de que "isto ou aquilo é apenas a ponta do iceberg", para se referir a algo (empreendimento, problema, concreto ou abstrato, ou situação) que aparenta ser de simples enfrentamento ou solução, quando, na verdade, é de complexidade ou envergadura consideravelmente maior, a inspirar, pois, por cuidados maiores que os apenas evidentes.[29]

JESUS HEADHUNTER

Um dos motivos salientados pelos historiadores que facilitaram a ocorrência do trágico acidente do *Titanic* nas águas gélidas do Atlântico Norte, em abril de 1912, foi o fato de os operadores do rádio de transmissão ignorarem os avisos de outros barcos sobre a existência de geleiras no caminho e a falta de binóculos para os vigias noturnos, que tiveram de trabalhar à vista desarmada. Supõe-se que, com os binóculos, o iceberg teria sido visto com antecedência, e os procedimentos de emergência poderiam ter sido adotados muito antes, de modo que a colisão teria sido evitada, assim como o naufrágio do navio e a morte de centenas de pessoas.

No trágico episódio do *Titanic*, a desconsideração por uma estratégia eficaz e eficiente resultou em tragédia. Da mesma forma, a desatenção e a falta de planejamento na estruturação dos processos de recrutamento e seleção levam muitas empresas à rota de colisão. "Candidatos icebergs" introduzem "medo" entre os selecionadores desprovidos de estratégias e ferramentas. Portanto, é importante que o selecionador amplie o seu olhar, o seu campo de visão, a fim de detectar as características comportamentais dos candidatos à posição pleiteada e verificar se o perfil está alinhado à cultura da organização, uma vez que os candidatos têm se apresentado muito parecidos do ponto de vista técnico. O modus operandi contemporâneo exige do selecionador, cada vez mais, uma atitude comprometida com o seu trabalho e com o grupo. É necessário pensar em harmonia com a organização, estabelecendo uma comunicação constante com as pessoas de todas as áreas da empresa, principalmente com os gestores. É preciso estar munido de diferentes ferramentas que auxiliarão no processo de recrutamento e seleção. Este, por sua vez, deve fazer parte das atividades de cunho estratégico, com o intuito de garantir sustentabilidade e perenidade à própria existência da organização.

CAPÍTULO 7°

Processo seletivo eclipse lunar e solar

Dá-se um eclipse quando a luz emitida ou refletida por um astro é obstruída temporariamente por outro corpo celeste que passe entre aquele astro e um ponto normalmente iluminado na ausência de tal obstrução. Quando acontece de estar a Terra exatamente entre o Sol e a Lua, a sombra da Terra projeta-se sobre a Lua produzindo um eclipse lunar. Quando a Lua se encontra exatamente entre o Sol e a Terra, ocorre um eclipse solar.

Em se tratando de um processo de seleção profissional, podemos comparar os participantes e aspectos envolvidos no processo com os astros e aspectos envolvidos num eclipse. Para tanto, tomaremos como base que o Sol é o "selecionador"; a Terra, o "candidato"; e a Lua, as "características do candidato".

Processo seletivo eclipse lunar

Quando ocorre um processo seletivo eclipse lunar, pode-se dizer que o candidato (Terra) lança sombra sobre suas características (Lua),

51

obscurecendo assim a visão do selecionador (Sol). Ou seja, o candidato se posiciona de tal maneira que o selecionador não consegue visualizar suas características (competências), conforme a Figura 5:

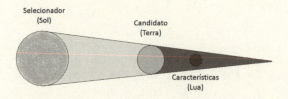

Figura 5: Processo seletivo eclipse lunar. Fonte: autor.

Processos seletivos com essas características denotam que o selecionador, que está incumbido de avaliar, não tem o devido preparo e/ou não lança mão de diferentes recursos e instrumentos, não se familiariza com o conhecimento de ferramentas de avaliação e suas aplicações, podendo assim ocorrer a contratação ou promoção de um candidato inadequado e a preterição do candidato adequado. Comumente, acontece de as características positivas e negativas não serem plenamente observadas, ou seja, o que seria fundamental na condução de um processo seletivo fica a desejar. Quem estiver pleiteando a posição certamente se valerá de tal situação. Mesmo se não tiver as competências necessárias para o perfil da vaga, tentará de alguma forma granjear a atenção e interesse do selecionador, uma vez que este não consegue observar suas características.

Embora caiba ao candidato demonstrar que possui as características e competências requeridas para a posição, se, por algum motivo, ele não consegue, será prejudicado pelo fato de não encontrar um processo que contribua para uma maior exposição daquilo que tem a oferecer.

Processo seletivo eclipse solar

Quando, por sua vez, ocorre um processo seletivo eclipse solar, pode-se dizer que as características do candidato (Lua) se encontram entre o selecionador (Sol) e o candidato (Terra). Ou seja, o selecionador, nesse caso, tem plena visão das características do candidato, conforme a Figura 6:

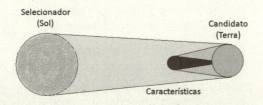

Figura 6: Processo seletivo eclipse solar. Fonte: autor.

Processos seletivos com essas características indicam que o selecionador está apto e preparado, visto que utiliza ferramentas de avaliação e estratégias que garantem maior assertividade na escolha do candidato. Nesse contexto, o selecionador sabe que as suas atribuições vão muito além de captar profissionais adequados ao preenchimento da vaga. Ele tem montado um programa de contratação que envolve todas as fases do processo seletivo, tais como triagem, convocação, entrevistas, aplicação de provas, dinâmicas, entre outros, e ainda conhece a cultura organizacional da empresa onde o ocupante da vaga atuará. Além disso, tem o refinamento do perfil junto ao requisitante e, sobretudo, distancia-se da seleção tradicional, preferindo atuar com foco em competências, o que oferece, entre outras vantagens, a entrevista comportamental como importante ferramenta de seleção. Sendo assim, tende a inibir tentativas do candidato de mentir e induzi-lo. Mais que isso, as tentativas não lograrão êxito porque não encontrarão um selecionador incauto, mas um processo de avaliação mais contundente.

Candidato eclipsado e candidato desclipsado

Normalmente poderá ocorrer a presença de quatro tipos de candidatos num processo seletivo, conforme a Figura 7:

ALCIDES FERRI

Tipo de candidato:	Características (competências) / Comportamento:	Apresenta-se como:
1	Possui características e competências requeridas / Comportamento revela que possui	
2	Possui características e competências requeridas / Comportamento não revela que possui	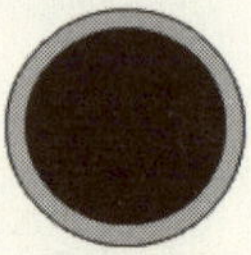
3	Não possui características e competências requeridas / Comportamento revela que não possui	
4	Não possui características e competências requeridas / Comportamento tenta demonstrar que possui	

Legenda	
Candidato:	Figura:
Eclipsado →	
Desclipsado →	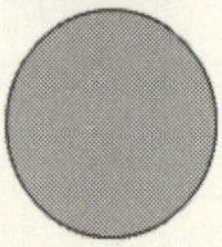

Figura 7: Tipos de candidatos num processo seletivo. Fonte: autor.

JESUS HEADHUNTER

A Figura 8 a seguir demonstra de forma didática a presença, no processo seletivo, dos tipos de candidatos e como o selecionador se posiciona de forma preparada ou despreparada, gerando modificações no processo:

Tipo de candidato:	Processo seletivo por parte do candidato:	Selecionador despreparado	Selecionador preparado
		Processo seletivo **se converte** em:	Processo seletivo **permanece** em:
1 / 3	☀	🌙	☀

Tipo de candidato:	Processo seletivo por parte do candidato:	Selecionador despreparado	Selecionador preparado
		Processo seletivo **permanece** em:	Processo seletivo **se converte** em:
2 / 4	🌙	🌙	☀

Legenda	
Processo seletivo eclipse:	Figura:
Solar→	☀
Lunar→	🌙

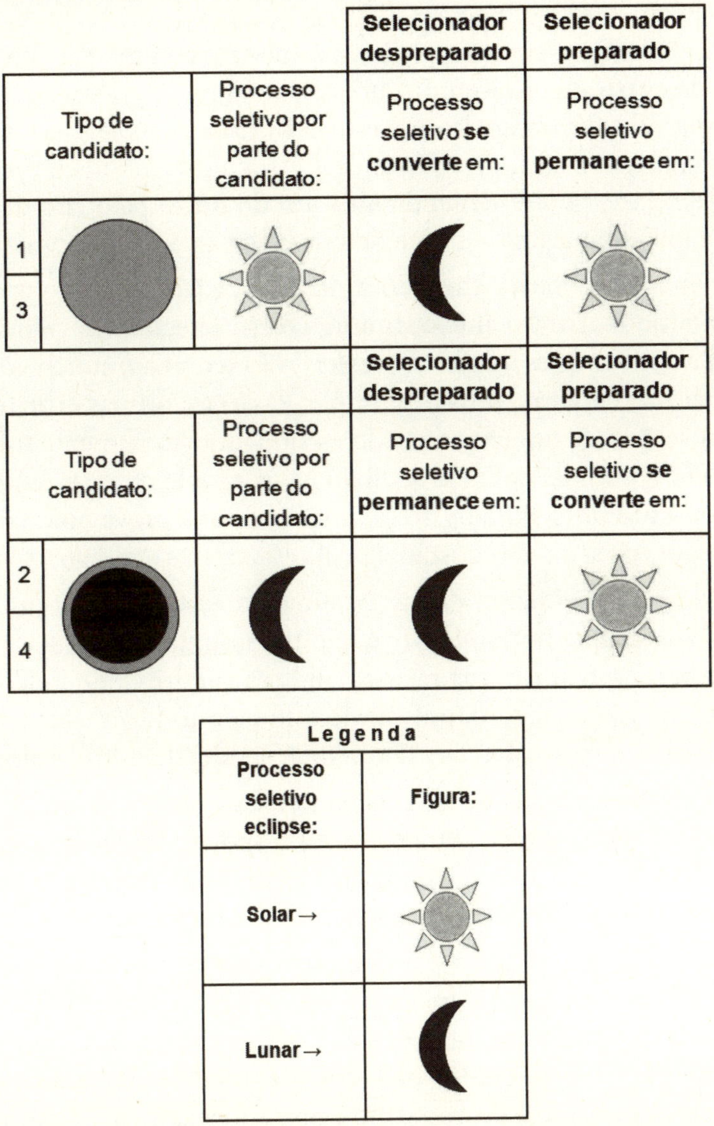

Figura 8: Modificações no processo seletivo conforme o selecionador. Fonte: autor.

ALCIDES FERRI

Circunstâncias negativas podem ocultar características positivas

É preciso entender que a subjetividade presente no processo seletivo poderá obstruir não apenas as características negativas do candidato, mas também as positivas.

Era a última e principal prova semestral de uma das disciplinas do curso superior em Recursos Humanos. A professora havia permitido a formação de duplas. Aliei-me a uma colega esforçada e inteligente. Definimos que ambos estudaríamos toda a matéria do semestre, porém dependíamos um do outro pelo fato de que cada um era mais forte numa determinada área da disciplina.

Finalmente havia chegado a data da prova. Faltando apenas dez minutos para o início, minha colega chegou à faculdade e numa conversa reservada me disse: "Não tenho a mínima condição de lhe ajudar na prova em dupla. Passei as últimas doze horas num velório de um ente querido e estou emocionalmente fragilizada." Eu pontuei para ela que não havia problema. Mas, embora ela tivesse a possibilidade do recurso de fazer a prova numa outra data por causa das circunstâncias, ela estava ali e queria participar.

Naquele momento, diante de uma situação adversa, eu disse para ela: "Fique tranquila, você tem uma ótima caligrafia e pode escrever enquanto eu vou raciocinando as questões e ditando para você." Eu estava seguro, pois havia estudado toda a matéria, mas ao mesmo tempo sabia que também dependia de minha colega.

Entramos na sala de aula na tentativa de fazer a prova. À medida que transcorria o tempo, eu fui respondendo as perguntas, e ela, escrevendo, mas ela foi ficando mais confiante e, por vezes, mesmo sem se dar conta, também me ajudava nas conclusões.

Conseguimos fazer a prova e nos dias subsequentes ficamos sabendo que o resultado foi uma ótima nota. Era evidente que minha colega não tinha condições de fazer a prova, pois estava abalada por um evento emocionalmente desgastante. Mas ela buscou as poucas forças que lhe restavam e posteriormente me disse que a maneira como eu lidei com ela e com a situação em si fez com que se sentisse mais encorajada a tentar. Fiquei contente.

JESUS HEADHUNTER

Imagine se essa minha colega, em vez de fazer uma prova em dupla, tivesse de participar, por exemplo, de uma entrevista de seleção profissional ou de uma dinâmica de grupo. Ela estava desprovida de sua plena capacidade de raciocínio e concentração e possivelmente não teria condições de se sair bem, pois não conseguiria demonstrar todo o seu potencial.

No cotidiano existem muitas pessoas que não conseguem evidenciar aquilo que realmente são. Isto é, suas qualidades positivas são demonstradas com maior potencial quando estão vivenciando circunstâncias favoráveis, mas, quando experimentam as mazelas da vida, é mais difícil manter a eficácia e eficiência. Diante de circunstâncias probantes, a tendência é nos encolhermos na proverbial posição fetal. Com isso, gera-se uma quantidade imensa de efeitos nocivos. Da mesma forma, um candidato, ao participar de um processo de seleção, terá seu desempenho prejudicado quando não conseguir transmitir aquilo que realmente é. Será preterido em relação aos outros e perderá a chance de trabalho; e igualmente a empresa, muitas vezes, perderá um ótimo profissional. Diferente de alguns candidatos que chegam com máscaras, discursos decorados e forjando uma aparência, existem aqueles que fazem de tudo para evidenciar seu potencial nas entrevistas ou nas atividades aplicadas, mas na hora H não conseguem devido às circunstâncias desfavoráveis pelas quais estão passando. Para muitas pessoas só o fato de saber que serão avaliadas já causa certa inibição e nervosismo. Outras, por exemplo, vêm de um processo desgastante oriundo de uma demissão, que é uma das experiências mais duras a que uma pessoa pode ser submetida. E há aqueles que já pleitearam muitas oportunidades, mas sem obter sucesso, o que os leva a uma sensação de incapacidade e impotência.

As pessoas são submetidas às diferentes ocorrências negativas que lhes são impostas pela vida. Algumas conseguem administrar, ao passo que outras não conseguem gerenciar. Muitas têm um grau de resiliência mais elevado e conseguem transpor com maior facilidade; outras têm maior dificuldade em reagir positivamente aos problemas. Isso significa que existem profissionais que, se contratados, não saberão lidar com as pressões e adversidades da posição? Não necessariamente, pois, para muitos, uma nova oportunidade é o que falta para provar a sua força e capacidade. Porém é fundamental evidenciar tal potencial por ocasião do processo seletivo. É bem verdade que diante de uma situação adversa provavelmente seria contraproducente participar de um processo seletivo. É recomendável entrar em contato com o selecionador, expor a situação e tentar remarcar para outro dia. Negociação sempre conta pontos em um processo seletivo. Caso o candidato não consiga outra oportunidade, é importante revelar que não está num momento muito feliz. Essa atitude o ajudará a se sentir melhor e se soltar mais para a entrevista e demais atividades, assim terá condições de competir como todos.

Além de todas as orientações que um candidato tem a sua disposição, que o levam a fazer a sua parte, cabe também ao selecionador conferir segurança aos candidatos que passam pelo processo seletivo e, sobretudo, ter empatia – capacidade de se colocar no lugar de outra pessoa e tentar entendê-la. É preciso estabelecer um clima de cordialidade e profissionalismo, valorizar a presença do candidato, buscar imparcialidade, não se deixar levar pelos seus preconceitos, ouvir com atenção e demonstrar interesse. Só assim haverá sucesso para os envolvidos.

Mecanismo de defesa

Marlene[30] trabalhava no Departamento de Recursos Humanos, que contempla todos os subsistemas da área. Ela era responsável pelo Subsistema de Treinamento e Desenvolvimento. Sendo uma colaboradora com mais tempo de casa em relação aos outros profissionais, foi convidada para assumir a gestão do Departamento de Recursos Humanos, que estava sem gerente. Sua primeira incumbência foi requisitar à área de recrutamento e seleção um ocupante para assumir o Subsistema de Treinamento e Desenvolvimento. O processo seletivo foi aberto, houve todas as etapas, e finalmente a área de recrutamento e seleção apresen-

JESUS HEADHUNTER

tou três candidatos para Marlene, como requisitante, fazer as últimas entrevistas, conforme combinado. Dentre os candidatos apresentados, havia um que se destacava por ter o perfil técnico e comportamental bastante aderente ao perfil da vaga. Porém, a partir das entrevistas, Marlene, tomada pela insegurança e sentindo-se ameaçada, preteriu o referido candidato por causa de seu evidente potencial, tendo em vista que o ocupante da vaga atuaria em proximidade com ela.

Muitas vezes, ocorre de o selecionador aprovar um candidato e o solicitante reprová-lo por achar que o candidato vai ultrapassá-lo em conhecimento e habilidade. Infelizmente, episódios assim acontecem quando existe algum integrante no processo de seleção, seja selecionador ou requisitante da vaga, que relega ao segundo plano os interesses organizacionais. Ele impede a entrada de talentos advindos do ambiente externo e bloqueia a ascensão de talentos do ambiente interno. Consequentemente, a empresa é prejudicada, uma vez que candidatos despreparados são prestigiados em detrimento de candidatos adequados.

Eliminar um candidato preparado e bem qualificado só é razoável quando as atividades a serem desempenhadas por ele estiverem abaixo de sua capacidade de realização, pois, se ele estiver acima do perfil da vaga, o risco em perdê-lo posteriormente é grande. Muitos aceitam a chance só por conveniência, por estar fora do mercado, mas, assim que surge uma oportunidade com desafios mais significativos e em que o profissional se "encaixa" e será mais bem remunerado, ele migrará para outra empresa. Por isso a empresa não quer correr o risco de contratá-lo. Ser preterido não revela, nesse caso, incompetência. Se houver a contratação, a empresa precisará ter um plano de ascensão profissional em curto prazo para que o profissional não seja subutilizado no seu campo de atuação. No entanto, com base no relato anterior, o candidato era adequado para a vaga, não estava nem além nem aquém do que convém. Mesmo assim foi boicotado e preterido pelo requisitante, como "mecanismo de defesa". Isso pode acontecer antes ou depois da contratação. Às vezes, contrata-se a pessoa; depois de um tempo, o gestor desliga o funcionário sem grandes justificativas.

ALCIDES FERRI

Competência na aplicação de testes

É sabido que para aplicação de testes psicológicos é imprescindível a presença do profissional de psicologia organizacional. Pelo fato de estarem habituados a essa prática, somente eles possuem qualificação para aplicação. Por isso, com o objetivo de sair do tradicional para o estratégico, a atuação desse profissional deve ser genuína, tendo em vista que é quem se espera que seja habilitado para saber as vantagens e desvantagens dos testes psicológicos para uso profissional. É necessário estar familiarizado com as instruções, a execução e outras recomendações específicas de cada teste utilizado num processo de seleção. Além de aplicar os testes adequados às exigências da situação, espera-se também que ele estabeleça *rapport* (estado de sintonia entre você e seu interlocutor), com a finalidade de promover a confiança e harmonia junto ao aplicando. Proporcionar um ambiente físico de qualidade também deve fazer parte das atribuições do profissional de psicologia, visto que muitas empresas disponibilizam um ambiente inadequado e inviável para a realização de testes.

Portanto, a falta de competência na aplicação de testes psicológicos pode comprometer seriamente o processo seletivo e gerar prejuízos para os candidatos. Que cada profissional fique atento aos *gaps* de qualificação e, caso não esteja devidamente apto, conscientize-se e busque aprimoramento e formação especializada. Note-se que a atenção se volta para os psicólogos porque são eles que normalmente estão mais inseridos nesse ramo de atuação.

CAPÍTULO 8°

Como Jesus formou Sua equipe de trabalho? Quem Ele escolheu?

Quando Jesus saiu a buscar pessoas, que classe Ele escolheu? Ele escolheu diferentes tipos de gente, o que mostra que o Senhor pode tomar qualquer tipo de matéria-prima e usá-la para o Seu trabalho. Ao recrutar e selecionar os componentes de Sua equipe, Jesus não escolheu os mais capacitados ou mais excelentes. Buscou um perfil: pessoas simples, rudes e trabalhadoras; pessoas que não racionalizassem o Seu chamado e estivessem dispostas a aceitar o desafio proposto.

Ellen White observa:

Se os educados e nobres não queriam fazer a obra para que se achavam habilitados, Cristo escolheria homens que fossem obedientes e fiéis no cumprir Sua vontade. Escolheu homens humildes e ligou-os a Si, a fim de educá-los para levar avante a grande obra na Terra, quando Ele a houvesse de deixar.[31]

ALCIDES FERRI

Embora inicialmente os discípulos fossem destituídos de características positivas ou competências relevantes, ainda assim Jesus conseguiu verificar que possuíam as condições necessárias para ocupar as posições determinadas. Já no primeiro momento, Jesus avaliou o potencial de seus *players* (termo em inglês que significa "jogadores" e nesse contexto refere-se aos profissionais integrantes de uma equipe de trabalho), de modo a predizer a capacidade futura. Ele vislumbrava o desdobramento do potencial ao longo do tempo, o que permitia um processo eficiente de recrutamento e seleção. Porém, o potencial que Jesus previamente enxergava estava relacionado à capacidade que Ele mesmo outorgaria a cada um dos discípulos.

O que Jesus faz com o que Lhe entregamos?

Pessoa + potencial − Jesus = Capacidade retida

Pessoa + potencial + Jesus = Capacidade liberada

Ao admitir os discípulos como eles eram no momento do chamado, Jesus apostou naquilo que eles poderiam se tornar se apenas se submetessem a atuar com Ele. Quando Jesus passou a interagir na vida desses homens, eles deixaram de vivenciar situações limitantes que os tolhiam e os levavam a ficar bem aquém de seu potencial. Embora, no decorrer do tempo, eles experimentassem oscilações de desempenho e sofressem altos e baixos, com a presença do grande Mestre no meio deles, como um Modelo eficaz de excelência, eles passaram a acreditar mais em suas próprias possibilidades de sucesso por ter um exemplo tão próximo.

Jesus agia na vida de cada um de Seus colaboradores como um catalisador que aumentava e dinamizava as competências que eles tinham, com o propósito de fazê-los atingir um bom resultado. Mesmo aquele que era dotado de apenas uma qualidade inerte era estimulado por Jesus por meio de Seus exemplos e maneira de proceder – com uma constante influência motivadora.

JESUS HEADHUNTER

Toda pessoa tem características e atributos que, se potencializados, farão dela um talento no seu ambiente de interação: no trabalho, em casa, na igreja, no local de estudos ou em qualquer outro lugar onde se relacione.

É sabido que Jesus formou a Sua equipe com indivíduos incultos, despreparados e até inadequados, homens aparentemente sem méritos. O objetivo neste capítulo não é contrariar essa premissa nem tentar "defender" Jesus no sentido de mostrar que Suas escolhas foram justificadas por motivos plausíveis. A despeito de qualquer característica ou qualidade positiva apresentada pelos selecionados, nada os capacitava ou os habilitava a exercer uma posição na equipe de Jesus. No entanto, Jesus viu, em cada um deles, algum ponto que, se trabalhado e devidamente orientado, os faria melhores do que eles eram e aptos para a função designada. Não eram suas poucas qualidades inerentes que os recomendavam, mas era o chamado e a presença de Jesus que lhes conferia imenso valor.

Ellen White acentua:

Nas atividades comuns da vida existe muito trabalhador levando pacientemente a rotina de suas tarefas diárias, inconsciente das latentes faculdades que, despertadas para a ação, colocá-lo-iam entre os maiores líderes do mundo. O toque de uma hábil mão se faz necessário para despertar e desenvolver essas adormecidas faculdades. Foram homens assim os que Jesus ligou a Si; e proporcionou-lhes as vantagens de três anos de preparo sob Seu próprio cuidado. Nenhum curso de estudos nas escolas dos rabis ou nas escolas de filosofia poderia haver igualado a isto em seu valor. [32]

Jesus escolheu pessoas que, aos olhos humanos, não são consideradas adequadas para uma missão. Isso nos remete a uma pergunta: o que você consegue ver nas pessoas participantes de um processo de recrutamento e seleção ou de uma promoção de talentos? Jesus enxergou além das coisas criticáveis. Aqueles que Jesus elegeu para compor Sua equipe de trabalho têm muito a dizer.

ALCIDES FERRI

Filipe

No dia imediato, resolveu Jesus partir para a Galileia e encontrou a Filipe, a quem disse: Segue-me. Ora, Filipe era de Betsaida, cidade de André e de Pedro (Jo 1:43-44).

Ellen White aborda o chamado de Filipe, dizendo o seguinte:

Foi ele o primeiro discípulo a quem Jesus dirigiu a positiva ordem: "Segue-Me." Filipe era de Betsaida, a cidade de André e Pedro. Escutara a pregação de João Batista, e ouvira-o anunciar que Cristo era o Cordeiro de Deus. Filipe era um sincero indagador da verdade, mas tardio de coração para crer. Conquanto se houvesse unido a Cristo, a comunicação que a Seu respeito fizera a Natanael mostra que não estava inteiramente convencido da divindade de Jesus. Conquanto Cristo houvesse sido proclamado, pela voz do Céu, como o Filho de Deus, para Filipe era "Jesus de Nazaré, filho de José" [Jo 1:45]. De outra vez, quando foram alimentados os 5 mil, revelou-se a falta de fé de Filipe. Foi para prová-lo que Jesus perguntou: "Onde compraremos pão para estes comerem?" A resposta de Filipe foi de incredulidade: "Duzentos dinheiros de pão não lhes bastarão, para que cada um deles tome um pouco" [Jo 6:5-7]. Jesus Se magoou. Embora Filipe tivesse visto Suas obras e experimentado Seu poder, não tinha fé. Quando os gregos interrogaram Filipe acerca de Jesus, não se aproveitou da oportunidade para apresentá-los ao Salvador, mas foi ter com André. Mais tarde, naquelas últimas horas antes da crucifixão, as palavras de Filipe foram de molde a desanimar a fé. Quando Tomé disse a Jesus: "Senhor, nós não sabemos para onde vais; e como podemos saber o caminho?", o Salvador respondeu: "Eu sou o Caminho, e a Verdade e a Vida... Se vós Me conhecêsseis a Mim, também conheceríeis a Meu Pai." De Filipe partiu a resposta de incredulidade: "Senhor, mostra-nos o Pai, o que nos basta" [Jo 14:5-8]. Tão tardio de coração, tão fraco na fé era aquele discípulo que por três anos estivera com Jesus. [...] Todavia, Filipe foi aluno na escola de Cristo, e o divino Mestre lidou pacientemente com sua incredulidade e espírito tardio. Quando o

JESUS HEADHUNTER

Espírito Santo foi derramado sobre os discípulos, Filipe tornou-se um mestre segundo as normas divinas. Sabia de que falava e ensinava com uma certeza que levava convicção aos ouvintes.[33]

Filipe foi o instrumento que Jesus usou para atrair Natanael. Deus sempre usa instrumentos humanos para alcançar outros seres humanos. Logo de início já estava se cumprindo o propósito para o qual fora chamado: *"[...] Eu vos farei pescadores de homens"* (Mt 4:19).

As pessoas tendem a apoiar o que elas ajudam a criar. O preenchimento de posições usando a indicação dos próprios colaboradores é um excelente método de recrutamento, pois quem indica sente-se corresponsável pela pessoa, contribuindo para que o novo colaborador se familiarize com a cultura da empresa. A indicação não significa que a pessoa não passará pelo mesmo processo de seleção que os outros concorrentes. O crivo de seleção é para todos. Porém, quando ocorre a contratação, é perceptível o interesse para com o indicado por parte de quem o indicou, que preza pelo seu comprometimento.

Natanael

Filipe encontrou a Natanael e disse-lhe: Achamos aquele de quem Moisés escreveu na lei, e a quem se referiram os profetas: Jesus, o Nazareno, filho de José. Perguntou-lhe Natanael: De Nazaré pode sair alguma coisa boa? Respondeu-lhe Filipe: Vem e vê. Jesus viu Natanael aproximar-se e disse a seu respeito: Eis um verdadeiro israelita, em quem não há dolo! Perguntou-lhe Natanael: Donde me conheces? Respondeu-lhe Jesus: Antes de Filipe te chamar, eu te vi, quando estavas debaixo da figueira. Então, exclamou Natanael: Mestre, tu és o Filho de Deus, tu és o Rei de Israel! Ao que Jesus lhe respondeu: Porque te disse que te vi debaixo da figueira, crês? Pois maiores coisas do que estas verás. E acrescentou: Em verdade, em verdade vos digo que vereis o céu aberto e os anjos de Deus subindo e descendo sobre o Filho do Homem (Jo 1:45-51).

Natanael era de Caná (Jo 21:2), cidade próxima de Nazaré. Ele sabia que Nazaré era uma insignificante vila na área da Galileia. Por isso reagiu com preconceito ao receber a notícia, por meio de Filipe, de que o Messias encontrado era proveniente de lá. Filipe não colocou em discussão o questionamento de Natanael e apenas disse: "Vem e vê", com o intuito de que Natanael comprovasse com seus próprios olhos e confrontasse seu ceticismo com a legitimidade do Mestre. Quando Natanael se aproximou, Jesus reconheceu que ele era um verdadeiro israelita com sinceridade de coração. No momento em que Jesus deu provas de que conhecia a "origem" de Natanael, este entendeu que a origem de Jesus era celestial ao invés de terrena, minimizando o preconceito inicial.

Ellen White destaca que:

Foi suficiente. [...] Conquanto em dúvida, e de algum modo cedendo ao preconceito, Natanael fora ter com Cristo, possuído do sincero anelo de conhecer a verdade, e agora seu desejo foi satisfeito. Sua fé foi além da daquele que o levara a Jesus. Respondeu: "Rabi, Tu és o Filho de Deus, Tu és o Rei de Israel."[34]

O conferencista internacional Alejandro Bullón faz uma observação interessante sobre Natanael:

[...] responda-me uma pergunta: Quando Jesus disse: "Eis um verdadeiro israelita em quem não há dolo!" (Jo 1:47), Ele estava apenas reconhecendo o que Natanael era ou estava descrevendo o que pela Sua graça poderia chegar a ser? Pensemos um pouco em Pedro. Quando Jesus disse: "Tu és Pedro", um pedaço de rocha, tinha Pedro algo de rocha? Não, claro que não, tanto assim que pouco depois negou seu Mestre. Mas Jesus estava descrevendo o que Pedro, pela graça divina, poderia chegar a ser. Este também poderia ser o caso de Natanael. Em outras palavras: "Natanael, neste momento, você pode não ser grande coisa, mas em Meu nome você crescerá, e chegará um momento em que seu caráter será semelhante ao Meu." Não é maravilhoso? Esta é a maior benção que o ser humano pode receber.[35]

JESUS HEADHUNTER

Pedro e André/Tiago e João

Caminhando junto ao mar da Galileia, viu dois irmãos, Simão, chamado Pedro, e André, que lançavam as redes ao mar, porque eram pescadores. E disse-lhes: Vinde após mim, e eu vos farei pescadores de homens. Então, eles deixaram imediatamente as redes e o seguiram (Mt 4:18-20).

Bertram L. Melbourne, PhD, é professor de Língua e Literatura Bíblica. No momento em que escreveu o texto a seguir, era reitor interino da Escola de Divindade da Universidade Howard, em Washington. O texto apresenta o chamado de Jesus a Pedro, André, Tiago e João.

Ao sul, a distância, estava Jerusalém. Lá, a elite intelectual de Israel expunha a lei. Certamente, aquele teria sido o lugar para começar a procurar candidatos para os doze. Jesus parou e olhou por sobre as águas tranquilas. Pedro e seu irmão, André, lançavam redes ao mar da Galileia, conhecido por suas tempestades repentinas e violentas. Até certo ponto, os homens que pescavam lá haviam absorvido as características das águas. Eram generosos e fortes, mas também dados a ferozes explosões de temperamento e instáveis como um barco oscilante; rudes como o vento e imprevisíveis como as tempestades súbitas que se erguiam.

[Passando adiante, viu outros dois irmãos, Tiago, filho de Zebedeu, e João, seu irmão, que estavam no barco em companhia de seu pai, consertando as redes; e chamou-os. Então, eles, no mesmo instante, deixando o barco e seu pai, o seguiram (Mt 4:21-22).]

Jesus continuou Sua caminhada junto à praia. Mais além, perto da margem, Ele viu em um barco dois irmãos com seu pai, consertando as redes. Tiago e João, assim como Zebedeu, mantinham uma sociedade com Pedro. As redes que eles estavam consertando podiam ter sido um dos tipos de redes usadas pelos pescadores da Galileia para a pesca profunda. A rede era lançada na água, e então as duas pontas eram puxadas juntas, prendendo nelas os peixes. Os homens que sabiam lançar uma rede dessa forma sabiam obter resultados; conheciam a paciência de esperar pelo cardume;

sabiam cevar os peixes – grandes qualidades para colocar em um currículo de treinamento para conquistar as pessoas para o Céu... Mas qualquer diretor de recursos humanos em Jerusalém, a quem esses currículos poderiam ser entregues à procura da posição de discípulo, podia encontrar razões de sobra para aconselhar Jesus a não contratá-los para o emprego. Tiago e João também eram chamados de "Filhos do Trovão" – pelo próprio Jesus. Esse não era um começo muito promissor para dois homens que iriam trabalhar com aquele que era conhecido como Príncipe da Paz. Pelo menos, esse nome trazia a ideia de tempestades, granizo e raios – estes últimos tinham sido usados pelo próprio Jesus para descrever Lúcifer — "Eu vi Satanás caindo do Céu como um raio" [Lc 10:18]. Estaria Jesus realmente falando sério quando convidou homens assim para segui-Lo?[36]

Que lição incrível podemos aprender observando essa estratégia divina! Igualmente, na maioria das vezes, Deus nos escolhe não por qualquer qualidade em particular que tenhamos, mas apesar de nossas debilidades. Talvez, para muitos especialistas da área de gestão de pessoas, os métodos utilizados por Jesus pareçam na contramão se comparados aos atuais métodos de recrutamento e seleção. Mas Jesus, como sempre, foi extremamente inteligente e estratégico ao selecionar pessoas que possuíam as competências necessárias a fim de desempenhar suas funções. Os homens selecionados por Jesus não tinham praticamente nada para oferecer, mas justamente isso lhes outorgava as competências que Jesus precisava – eles tinham disponibilidade e mobilidade geográfica.

A quem Jesus chama? Por que Ele passou por sobre a elite intelectual e preferiu esses homens de fala rude e pouca educação ou condição? O que isso nos diz sobre as pessoas que Ele pode usar? Que esperança isso nos dá? Por que Jesus chamou homens exteriormente "pouco promissores"? Que dica a resposta deles a Jesus nos dá para justificar a escolha? O que esse fato nos diz sobre a maneira de Jesus considerar as qualificações para o serviço?

Certamente os mais preparados não tinham o que esses homens puderam oferecer, conforme Ellen White esclarece:

JESUS HEADHUNTER

Eram humildes e ignorantes, aqueles pescadores da Galileia; mas Cristo, a Luz do mundo, era sobejamente capaz de habilitá-los para a posição a que os chamara. O Salvador não desprezava a educação; pois, quando regida pelo amor de Deus e consagrada a Seu serviço, a cultura intelectual é uma bênção. Mas Ele passou por alto os sábios de Seu tempo, porque eram tão cheios de confiança em si mesmos que não podiam simpatizar com a humanidade sofredora e tornar-se colaboradores do Homem de Nazaré. Em sua hipocrisia, desdenhavam ser instruídos por Cristo. [...] Jesus escolheu homens ignorantes porque não haviam sido instruídos nas tradições e errôneos costumes de seu tempo. Eram dotados de natural capacidade, humildes e dóceis – homens a quem podia educar para Sua obra. [...] Foram esses os homens que Jesus chamou para colaboradores, e deu-lhes a vantagem da convivência com Ele. Nunca tiveram os grandes homens do mundo um Mestre assim. Ao saírem os discípulos do preparo ministrado pelo Salvador, já não eram mais ignorantes e incultos. Haviam-se tornado como Ele no espírito e no caráter, e os homens conheciam que haviam estado com Jesus.[37]

Responderam imediatamente ao chamado de Cristo. É registrado, por exemplo, em Lucas 5:11: "E, arrastando eles os barcos sobre a praia, deixando tudo, o seguiram." A disponibilidade que eles tinham não é um estado de quem não tem nenhum dever, pois eles possuíam suas ocupações. Jesus sabia que o perfil desses homens seria fundamental, pois eram dotados de características que propiciavam estar inclinados, dispostos e "livres" para aceitar uma nova ocupação – totalmente diversa daquilo em que cada um atuava.

É sabido que não adianta a pessoa ser dotada de qualidades se não possuir disponibilidade. Não havendo disponibilidade, qualquer outra qualidade será inútil. É preciso algo mais, e esse algo mais compete à pessoa oferecer, quando se coloca de maneira disponível e completa com o intuito de não restringir a atuação de quem a selecionou. Tratamos aqui a palavra "qualidade" como sinônimo de competência: um conjunto de conhecimentos, habilidades e atitudes (o trinômio CHA) indispensável para um candidato diante de um processo de seleção ou promoção profissional.

Quanto à mobilidade geográfica da qual os escolhidos por Je-

ALCIDES FERRI

sus eram dotados, conferia-lhes a capacidade de se deslocar por diferentes lugares com o objetivo de cumprir os requisitos da posição. Nesse cenário, tal competência seria fundamental para que o "empreendimento" de Jesus pudesse contar com pessoas-chave nos lugares e momentos certos.

Jesus identificou com maestria as competências necessárias ao "negócio", considerando o que seria primordial para uma boa performance de cada integrante da equipe e que consequentemente traria êxito para o "empreendimento". Por conta dessas competências primárias, mas essenciais, Jesus, posteriormente, pôde proporcionar-lhes treinamento e desenvolvimento com o propósito de ajudá-los a fazer melhor o trabalho e a ser melhores profissionais. O objetivo era transformá-los de pessoas potencialmente competentes para pessoas efetivamente competentes. Todas as demais competências que complementariam o perfil ideal de cada um foram sendo aprendidas em contato com o grande Mestre.

Perceba que Jesus captou seus *players* utilizando técnicas de *hunting*, que consiste na busca ativa de profissionais que se enquadram no perfil exigido pela empresa. A forte e marcante característica dessa prática é reconhecida pela conduta específica de rastreamento e busca de profissionais que na maioria das vezes já estão empregados. Hoje em dia, muito se discute sobre se é ético ou não a prática de *hunting*, uma vez que o foco de seleção acaba sendo os candidatos que já estão trabalhando, e as estratégias utilizadas por alguns *headhunters* são questionadas, tendo em vista que parte dos profissionais prospectados são inclusive oriundos da concorrência. Mas a abordagem feita por Jesus se diferencia pela transparência de Seus processos e serve de *benchmarking* para todos aqueles que atuam na área de recrutamento e seleção, seja pelos métodos convencionais ou de *hunting*.

Jesus estudou o mercado e mapeou as características dos profissionais, estabelecendo uma relação cordial e de troca. Identificou aqueles que mais se adequavam. Ao passo que muitos *headhunters* não têm ne-

JESUS HEADHUNTER

nhum compromisso com a gestão de carreira dos selecionados, o interesse de Jesus para com eles foi decisivo para que houvesse movimentação para uma nova oportunidade, infinitamente mais nobre e elevada.

Embora antes de serem chamados eles tivessem suas ocupações, a maneira como Jesus se posicionou como *headhunter* corroborou para que ocorresse uma conjunção de fatores favoráveis para que eles se sentissem atraídos.

Quando acabou de falar, disse a Simão: Faze-te ao largo, e lançai as vossas redes para pescar. Respondeu-lhe Simão: Mestre, havendo trabalhado toda a noite, nada apanhamos, mas sob a tua palavra lançarei as redes. Isto fazendo, apanharam grande quantidade de peixes; e rompiam-se-lhes as redes. Então, fizeram sinais aos companheiros do outro barco, para que fossem ajudá-los. E foram e encheram ambos os barcos, a ponto de quase irem a pique. Vendo isto, Simão Pedro prostrou-se aos pés de Jesus, dizendo: Senhor, retira-te de mim, porque sou pecador. Pois, à vista da pesca que fizeram, a admiração se apoderou dele e de todos os seus companheiros, bem como de Tiago e João, filhos de Zebedeu, que eram seus sócios. Disse Jesus a Simão: Não temas; doravante serás pescador de homens. E, arrastando eles os barcos sobre a praia, deixando tudo, o seguiram (Lc 5:4-11).

Em Marcos 1:20 é registrado: "E logo os chamou. Deixando eles no barco a seu pai Zebedeu com os empregados, seguiram após Jesus." Isso denota que esses escolhidos possuíam uma sociedade ou negócio próprio que doravante ficaria a cargo de outros. Mas "antes de lhes pedir que abandonassem as redes e barcos, Jesus lhes dera a certeza de que Deus lhes supriria as necessidades".[38] Por que Jesus deu tanto sucesso a eles só para pedir-lhes que deixassem tudo?

Por ocasião da pesca maravilhosa, proporcionada por Jesus, foram oferecidas garantias aos selecionados, bem como aos que deles dependiam, de que a subsistência seria mantida mesmo se trocassem

71

uma ocupação certa por uma posição como seguidores de Jesus. Posteriormente, quando Jesus recordou aos doze a ocasião em que os tinha enviado de dois em dois pelas aldeias da Galileia, eles afirmaram que de nada tiveram falta. "[...] Jesus lhes perguntou: Quando vos mandei sem bolsa, sem alforje e sem sandálias, faltou-vos, porventura, alguma coisa? Nada, disseram eles" (Lc 22:35).

Foi nesse contexto que Jesus lhes lançou o desafio de largar as redes e os barcos para viver por uma causa maior, com o desígnio de apanhar outro tipo de "peixe". Na certeza de que as palavras do Mestre lhes encheriam a vida de propósito, eles deixaram tudo e O seguiram. Segundo o *Comentário bíblico adventista*,

Da parte dos discípulos [os quatro sócios: Pedro, André, Tiago e João] não houve a menor hesitação. A decisão para dissolver a parceria bem-sucedida como pescadores, em prol de uma parceria maior com Jesus como pescadores de homens, foi feita instantânea e inteligentemente. [...] Eles se lançaram ao lago como pescadores comuns; quando retornaram à praia, lançaram-se pela fé no "mar" para o qual Cristo então os chamava, para pescar homens. [39]

Reforçando a ideia de que o *headhunter* trabalha patrocinado pelo cliente e nunca para a pessoa física, Jesus trabalhava para um cliente em especial: o Pai. Foi designado para a escolha de Seus *players* e disse: "Não fostes vós que me escolhestes a mim; pelo contrário, eu vos escolhi a vós outros e vos designei [...]" (Jo 15:16). Sim, é Dele o poder de escolha. No entanto, Ele também disse: "[...] e o que vem a mim, de modo nenhum o lançarei fora" (Jo 6:37). Ele chama, mas quem rejeita o chamado são as pessoas.

Mateus

Passadas estas cousas, saindo, viu um publicano, chamado Levi, assentado na coletoria, e disse-lhe: Segue-me! Ele se levantou e, deixando tudo, o seguiu (Lc 5:27-28).

Quanto a Mateus, o Dr. Bertram Melbourne narra o seguinte:

JESUS HEADHUNTER

Até este ponto, aqueles que Jesus chamou ao discipulado eram judeus aparentemente devotos, como João 1:44-45 dá a entender. Mas o chamado de Levi Mateus chega a alguém à margem da sociedade. Ele era um publicano e, como tal, era visto pelos judeus entre os piores elementos da sociedade. Mateus era o candidato mais improvável para um chamado ao discipulado. Primeiro, ele foi chamado da banca de coletor de impostos. Os escritores romanos relacionavam essa categoria aos leões de chácara dos bordéis; os rabinos os chamavam de ladrões. Eles eram considerados usurpadores (Lc 3:12-13), notoriamente desonestos e odiados universalmente, especialmente por serem judeus que defraudavam seus compatriotas para o inimigo e também defraudavam o governo.[40]

Agora, quando consideramos o chamado de Jesus a Mateus, entendemos a fúria e afronta de muitos – não apenas dos escribas, mas também do povo comum. Jesus estava maluco? Ele não só convidou Mateus a se unir a Ele, mas foi comer alimento comprado com o dinheiro dos contribuintes de impostos na casa de Mateus! Jesus não precisava ressuscitar alguém para que as pessoas falassem dEle; Ele acabava de aceitar um convite para jantar com os "intocáveis" que viviam como Mateus. Mateus tinha estado a observar Jesus. Podemos entender isso pela resposta dele a Jesus. Ele deixou imediatamente um negócio muito lucrativo para seguir Jesus. Ele não teria feito isso se Jesus fosse um desconhecido ou estranho para ele. Mas Jesus também tinha observado Mateus. A Bíblia diz que Jesus viu Mateus [Lc 5:27]. A palavra "viu" significa mais que simplesmente olhar. Vem da palavra grega *theaomai*, ver ou ver atentamente. Jesus estava olhando por baixo da etiqueta exterior "extorsivo" diretamente para o coração do homem. [41]

O que isso nos ensina sobre a maneira de Jesus ver? Novamente Ele revela sua perspicácia como selecionador visionário, com a intenção de alocar a pessoa adequada na função certa.

Assim como André convidou Pedro para ver Jesus e Filipe convidou Natanael para "ir e ver" [Jo 1:40-46], Mateus respondeu ao convite de Jesus convidando outros coletores de impostos e, possivelmente, outros proscritos sociais a ver Jesus em um banquete dado em Sua homenagem.[42]

Esse fato nos revela que Jesus percebeu um elemento peculiar ao admitir Mateus, ou seja, ele se adequava, pelo seu perfil, a Sua missão no sentido de atingir uma extensa classe de pessoas que Jesus desejava e ainda deseja alcançar. É como que se, nos dias de hoje, tivéssemos uma empresa com a necessidade de abordar ou prospectar novos clientes inseridos numa estrutura social segmentada ou num determinado nicho de mercado. Assim, a contratação de um profissional advindo desse meio elevaria a estratégia por buscar e compreender as necessidades de seu público-alvo e representaria um diferencial ou vantagem competitiva à empresa.

Já no aspecto espiritual, entende-se que a salvação de Cristo é totalmente inclusiva, completamente universal, oportunizada a todos, o que fica claro no chamado de Mateus.

Simão, o zelote

Ao aceitar ser participante da equipe de Jesus, Mateus não deixou apenas a sua ocupação, ele também deixou o ódio, assim como ocorreu com Simão, o zelote, que também fora chamado. Antes de se unir a Jesus, Mateus e Simão, com certeza, teriam se estranhado e jamais poderiam ter convivido pacificamente, já que os zelotes formavam um movimento revolucionário que se opunha à submissão a Roma e queria conseguir a independência política dos judeus para se libertar da opressão romana. Por essa razão, era natural que o seu ódio fosse especialmente dirigido aos publicanos, traidores do povo judeu, cujo grupo Mateus integrava. Só foi possível a convivência pelo fato de ambos estarem profundamente inclinados a se engajar na mesma causa. Porém, naturalmente, levou algum tempo para que os apóstolos, especialmente Simão, se sentissem menos preocupados com a presença de um ex-publicano no meio deles.

Aí está a evidência de que a verdadeira conversão nunca ocorre a menos que a pessoa se tenha humilhado primeiro. E Jesus foi e sempre será o grande "Elo" que promove a ligação daqueles que, outrora inimigos, quando ligados a Ele, deixam seus sentimentos

JESUS HEADHUNTER

de aversão e repulsa e se unem em prol de um objetivo em comum. Certamente, no caso de Mateus e Simão, os conflitos viriam, mas aos poucos perceberiam que a rixa do passado nada representaria.

Ellen White enfatiza que:

Os apóstolos diferiam largamente em hábitos e disposição. [...] Foram reunidos, com suas diferentes faltas, todos com herdadas e cultivadas tendências para o mal; mas, em Cristo e por meio dEle, deviam fazer parte da família de Deus, aprendendo a tornar-se um na fé, na doutrina, no espírito. Teriam suas provas, suas ofensas mútuas, suas divergências de opinião; mas, enquanto Cristo habitasse no coração, não poderia haver discórdia. Seu amor levaria ao amor de uns pelos outros; as lições do Mestre conduziriam à harmonização de todas as diferenças, pondo os discípulos em unidade, até que fossem de um mesmo espírito, de um mesmo parecer. Cristo é o grande centro, e eles se deveriam aproximar uns dos outros exatamente na proporção em que se aproximassem do centro.[43]

Os zelotes, como já dito anteriormente, formavam um movimento revolucionário com o propósito de libertar os judeus da opressão romana. Simão sujeitou-se a um chamado de abandonar essa causa por outra muito maior e mais excelente, dirigido por um Líder melhor! Essa causa maior obviamente seria levar o Reino de Deus para que as pessoas fossem livres da tirania ocasionada pelo inimigo de Deus. Tornou-se participante ativo de uma missão transcultural, que penetra o coração dos homens e das mulheres em toda a parte, levando alívio aos fardos da opressão, libertação das angústias de uma consciência culpada e segurança em Cristo.

A escolha de um "revolucionário", que aos olhos humanos parece ser inapropriada, para ocupar uma posição numa equipe de trabalho, aos olhos do *Headhunter* Jesus é perfeitamente cabível. Jesus, mais uma vez, revela-se como Aquele que consegue enxergar além da superfície. Sua escolha acertada permitiu a Simão sublimar suas tendências, outrora inadequadas, para serem direcionadas para um percurso com propósito mais elevado e nobre, que lhe traria um retorno certo e duradouro em comparação com aquilo que ele esperava anteriormente.

Jesus disse: "buscai, pois, em primeiro lugar, o seu reino e a sua justiça, e todas estas coisas vos serão acrescentadas" (Mt 6:33). Ou seja, o Reino de Deus precede a opressão e a injustiça e, uma vez priorizando as coisas do alto, a liberdade é certa e garantida.

As características de Simão o dotavam de competências que seriam extremamente úteis à missão de Jesus. Por sua causa anterior, ele se preocupava com os aspectos sociais e políticos da população e agora, orientado por Jesus, era impulsionado a deslocar suas energias para uma missão que era espiritual em vez de terrena – o que incluía também a atenção social às pessoas.

Tomé

Ao selecioná-lo e integrá-lo à equipe, Jesus sabia que a grande desvantagem de Tomé seria a dúvida. No entanto, tinha a noção de que Tomé também era dotado de uma mente analítica e investigativa. Uma vez inserido no convívio do grupo e no labor diário, seria capaz de contribuir, por ser fiel e fervoroso.

Tomé era do tipo que necessitava do teste empírico das afirmações (que se apoia somente na experiência e na observação). Porém, até mesmo com a debilidade de um colaborador cético e tardio de coração para crer, Jesus foi capaz de trazer à baila lições preciosas. Reprovou-o, posteriormente, pela sua incredulidade: "Disse-lhe Jesus: Porque me viste, creste? Bem-aventurados os que não viram e creram" (Jo 20:29).

A abordagem de Ellen White sobre o episódio deixa claro que:

Na Sua maneira de tratar com Tomé, Jesus deu uma lição para Seus seguidores. Seu exemplo nos mostra como devemos tratar aqueles cuja

JESUS HEADHUNTER

fé é fraca e põem suas dúvidas em destaque. Jesus não esmagou Tomé com censuras, nem entrou com ele em discussão. Revelou-Se ao duvidoso. Tomé fora muito irrazoável em ditar as condições de sua fé, mas Jesus, por Seu generoso amor e consideração, derribou todas as barreiras. Raramente se vence a incredulidade pela discussão. Antes isso como que a põe em guarda, encontrando novo apoio e desculpa. Mas revele-Se Jesus, em Seu amor e misericórdia, como o Salvador crucificado e, de muitos lábios antes contrários, ouvir-se-á a frase de reconhecimento, proferida por Tomé: "Senhor meu, e Deus meu!" [Jo 20:28].[44]

É impressionante como Jesus consegue extrair das pessoas aquilo de bom que elas têm, mas que por vezes está submerso, latente, como que um tesouro escondido à espera de ser encontrado. Embora a grande fraqueza de Tomé fosse o seu duvidar (Jo 20:24- 25), a sua grande força eram a sua coragem decidida e a sua lealdade (Jo 11:16), que Jesus soube aproveitar e valorizar a contento.

Certamente as empresas e corporações têm, dentro de suas dependências, profissionais maculados por imperfeições, mas que também são dotados de excelentes competências. Não é possível pensar em desenvolvimento sem valorizar tais pessoas, a despeito de suas debilidades.

Tiago menor

Na série "Os homens do Rei",[45] veiculada pelo programa de televisão Está Escrito, o apresentador Bill Santos esclarece que, ao considerar os discípulos, ficamos surpreendidos com a sua falta de qualificação. De acordo com os valores do mundo, eles não estariam qualificados. No entanto, esses homens estavam dispostos a calcular e pagar o preço ao seguir Jesus, enquanto todos os demais seguidores foram embora, quando Jesus os confrontou sobre seus motivos (Jo 6:66-67). Eles deixaram sua profissão, seu estilo de vida, seu lar e suas escolhas preferidas a fim de seguir Jesus Cristo. Esses homens deram tudo o que tinham. Eles deixaram as suas redes, o escritório de arrecadação de taxas, seu envolvimento político, seus negócios e se dedicaram totalmente a seguir Jesus onde quer que Ele os levasse.

Alguns deles mostravam certo valor, ao passo que sobre outros a própria Bíblia não fala praticamente nada, apenas menciona o nome. Em Marcos 15:40, a Bíblia faz referência a Tiago, o menor. A palavra "menor" basicamente significa pequeno de estatura e possivelmente indique que ele era baixinho; pode também significar que ele era jovem de idade; e pode ser que ele fosse tanto jovem quanto baixinho. Assim ele aparece como baixo, jovem e não muito influente. Talvez ele tivesse as três características. Mas Deus realmente não depende de tais particularidades. Porém, é dito que, assim como os demais discípulos, Tiago, filho de Alfeu, não menos importante, sentará num trono reinando sobre as tribos de Israel (Lc 22:30).

A Bíblia não fala sobre ele. Seu trabalho, sua personalidade e atributos, nada! Sua característica é oculta, alguém totalmente obscuro. Deus é o poder, não Tiago. Isso indica que Deus usa todos os tipos de gente, pessoas desqualificadas. Ele pode usar cada um de nós.

Judas Tadeu

A escolha de Judas Tadeu, sobre quem também as informações são extremamente escassas, denota que Jesus requer em Sua equipe de trabalho pessoas que não necessariamente devam efetuar grandes obras. Entretanto, ao colocar-se de maneira disponível diante de Seu chamado, Ele as fará participantes das mesmas responsabilidades conferidas aos mais excelentes colaboradores, uma vez que Jesus não escolhe os capacitados, mas capacita os escolhidos.

Quantos hoje se consideram inaptos e vivem se autodepreciando e achando que não têm as habilidades necessárias para essa ou aquela ocupação. No que tange a um compromisso maior, nunca estão disponíveis para assumir uma posição de contribuição no sentido de colaborar com os demais envolvidos no trabalho. Muitos há que vivem exclamando: "Ah! Se eu pudesse cantar"; "Ah! Se eu soubesse escrever como fulano"; "Ah! Se eu tivesse a habilidade da oratória"; "Ah! Se eu tivesse esse ou aquele dom". Assim, acabam se desencorajando para aquilo que lhes é requerido e se esquecem de que o poder não está no instrumento humano, mas em Deus. Seja qual for o seu ambiente de interação, Jesus pode capacitá-lo conforme a necessidade. Se você se colocar de maneira disponível, poderá ser um instrumento de valor e de grande utilidade.

A "Parábola dos talentos", narrada por Jesus e registrada em Mateus 25:14-30, fala da expectativa de um senhor diante de três dos seus empregados. Todos receberam talentos.

A um deu cinco talentos, a outro, dois e a outro, um, a cada um segundo a sua própria capacidade; e, então, partiu. O que recebera cinco talentos saiu imediatamente a negociar com eles e ganhou outros cinco. Do mesmo modo, o que recebera dois ganhou outros dois. Mas o que recebera um, saindo, abriu uma cova e escondeu o dinheiro do seu senhor (Mt 25:15-18).

O talento era uma medida de peso que depois passou a ser uma medida de unidade monetária.

Observe que o senhor deu segundo a capacidade de cada um, e não segundo o potencial. Potencial é aquilo que ainda não é, que está latente. Capacidade é aquilo que é manifesto, que está patente. Por isso os três tiveram plenas e imediatas condições, logo após a partida do senhor, de atuar diligentemente, o que de fato ocorreu com o que recebeu cinco e com o que recebeu dois, mas não com aquele que recebeu um.

Na hora da prestação de contas, os dois primeiros duplicaram os recursos recebidos, demonstrando uma boa administração. O último, porém, nada fez. Por isso, houve duas aprovações e uma reprovação.

ALCIDES FERRI

O PhD Reinder Bruinsma serviu em várias funções em sua longa carreira no seguimento religioso. Foi autor de quase vinte livros, alguns dos quais foram traduzidos para diversos idiomas. Ele nos mostra quatro realidades em relação aos talentos:

Realidade número um: todos nós temos talentos. Note na parábola que todos os servos receberam um ou mais talentos. Ninguém foi deixado sem algum talento. Esta é a primeira verdade que Jesus quis transmitir aos Seus discípulos.

Realidade número dois: nem todos temos o mesmo número de talentos. É um fato da vida que temos que aceitar. Alguns são talentosos de muitas formas enquanto outros não são dotados de tantos talentos. Os que têm vários talentos nunca devem olhar de cima para baixo aos que têm menos talentos. A lição de Jesus é clara: a quantidade de nossos talentos não é o mais importante; o que fazemos com os que recebemos é o que importa.

Realidade número três: alguns recusam usar seus talentos. Outros nunca reconhecem os talentos que têm. Infelizmente, ninguém os lembrou a respeito de seus dons. Ou eles perceberam seus dons, mas, por muitas razões, se recusaram a investir energia em seu desenvolvimento.

Realidade número quatro: não usar os talentos é coisa séria. O "servo mau" [aquele que não investiu] não teve segunda chance. Ele foi lançado "nas trevas, onde haverá choro e ranger de dentes" (Mt 25:30, NVI) [...].[46]

Os talentos e as habilidades são um presente de Deus para nós. Que talentos Ele nos deu? Que uso estamos fazendo deles? Seja tempo, dinheiro, influência, saúde, faculdades mentais, todos são concedidos por Deus, e cabe a nós multiplicá-los pelo uso sábio. Ellen White diz: "Talento usado, talento multiplicado. O êxito não é resultado do acaso, nem do destino; é a operação da providência de Deus, a recompensa da fé e discrição, da virtude e do esforço perseverante."[47]

JESUS HEADHUNTER

Judas Iscariotes

Judas foi o único dos doze que nasceu fora da Galileia, era natural da Judeia (Queriote). Independentemente da região, ele era apreciado pelos demais. Pode-se dizer que, de todos, no que se refere a possuir o trinômio CHA (conhecimento, habilidade e atitude), ele era quem tinha maiores conhecimento e habilidade, porém sua atitude divergia em elevado grau daquilo que Jesus esperava. Com aparência de zelo, Judas demonstrava um comportamento que aos olhos dos discípulos era plausível, como quem se interessava pelo "empreendimento" do Mestre. Mas Jesus conseguia ler quais as reais intenções de Judas e sabia desde o princípio que ele usava uma "máscara". Porém, a presciência não se traduz automaticamente em predestinação divina — Deus não criou ninguém para ser condenado. Se Judas tivesse se colocado no divino molde, estaria salvo. Jesus permitiu que Judas fosse admitido não mediante aquilo que ele era ou aparentava ser, mas por aquilo que ele poderia se tornar se tivesse aproveitado as oportunidades que Jesus lhe dera.

É evidente que Judas era um "candidato pirita" (capítulo 5), mas Jesus viu nele algo de bom, de valioso e precioso. Jesus ama as pessoas — todo tipo de pessoas — e tem um lugar no coração para cada uma. Ele procura com grande "ansiedade" aqueles que aceitarão as bênçãos que Ele anela conceder.

A escritora Ellen White salienta:

Judas estava cego para a fraqueza de seu caráter, e Cristo o colocou onde pudesse ter oportunidade de ver e corrigir isso. Como tesoureiro dos discípulos, era chamado a providenciar quanto às pequeninas necessidades do grupozinho e a suprir as faltas dos pobres. [...] Servindo aos outros, Judas poderia haver desenvolvido espírito abnegado. Mas, ao passo que ouvia diariamente as lições de Cristo e lhe testemunhava a vida isenta de egoísmo, Judas condescendia com sua disposição cobiçosa. As pequenas quantias que lhe chegavam às mãos eram uma tentação contínua. Muitas vezes, ao prestar qualquer serviçozinho a Cristo ou dedicar tempo a fins religiosos, remunerava-se à custa desses parcos fundos. Esses pretextos serviam a seus olhos de escusa para a ação que praticava; perante Deus, porém, era ladrão.[48]

No *Comentário bíblico adventista*, Dorneles menciona o seguinte texto de Ellen White:

O amor ao dinheiro no coração de Judas estava crescendo com o exercício de sua capacidade de astúcia. Sua habilidade financeira prática, se exercida, iluminada e moldada segundo o Espírito Santo, teria sido muito útil à pequena igreja, e, pela santificação de seu espírito, ele teria tido uma clara ideia das coisas celestiais e um correto discernimento para apreciá-las. Mas estratagemas mundanos eram constantemente acariciados por Judas. Não houve um pecado repentino de sua parte; mas suas tramas astutas e o espírito egoísta e cobiçoso que dele se apossou finalmente o levaram a vender seu Senhor por uma pequena quantia de dinheiro. [...] Judas esteve com Cristo durante todo o período do ministério público do Salvador. Ele tinha tudo o que Cristo podia lhe dar. [...] Se tivesse procurado ser uma bênção, em vez de ser um homem questionador, crítico e egoísta, o Senhor o teria usado para o avanço de Seu reino. Mas Judas era um especulador. Achava que podia administrar as finanças da Igreja e, por meio de sua astúcia nos negócios, obter ganho. Tinha o coração dividido. Amava o louvor do mundo; recusava-se a renunciar ao mundo por Cristo. Nunca confiou seus interesses eternos a Cristo. [...] Judas era uma fraude religiosa. [49]

Paulo

Um exemplo generoso de como Jesus é capaz de garimpar talentos e potenciais é quando lemos a história da conversão de Paulo. É surpreendente ver como o maior perseguidor da Igreja pôde se tornar seu maior defensor. A conversão de Paulo nos lembra do poder de Deus para transformar as pessoas mais improváveis e utilizá-las.

JESUS HEADHUNTER

O Senhor apareceu a Saulo [também conhecido como apóstolo Paulo, após a conversão] quando ele estava a caminho de Damasco para Jerusalém em busca de exterminar os cristãos. [Saulo era religioso, embora seriamente equivocado em sua compreensão de Deus]. [...] Era um judeu devoto que acreditava na importância de manter a lei bem como na importância de preparar seu povo para encontrar o Messias, que estava para vir, a fim de restaurar Israel. Contudo, o encontro com o Senhor o ajudou a enxergar três coisas. Primeira, o Messias já havia vindo e estava vivo. Segunda, ele estava sendo chamado para ser embaixador de Cristo, em vez de perseguidor de cristãos. Terceira, o Israel literal não tinha direitos exclusivos sobre a mensagem do Evangelho. [50]

Nos primórdios da Igreja havia uma necessidade significativa, que era levar o Evangelho não apenas aos judeus, mas também aos gentios, nome pelo qual os estrangeiros eram chamados pelos judeus. Portanto, Deus transformou Paulo de zeloso fariseu e perseguidor a dedicado pregador do Evangelho aos gentios.

Carl P. Cosaert, PhD, professor de Novo Testamento e Cristianismo Primitivo na Universidade Walla Walla, apresenta uma proveitosa descrição sobre o chamado de Paulo (Saulo):

O encontro de Saulo com Jesus ressuscitado, na estrada de Damasco, foi o momento decisivo em sua vida e na história da Igreja primitiva. Deus mudou o antigo perseguidor da Igreja e fez dele Seu apóstolo escolhido para levar o Evangelho ao mundo gentílico. [A abordagem de Jesus foi contundente o bastante para que Paulo efetivamente entendesse que sua trajetória estivera equivocada até aquele momento.] As palavras de Jesus a Paulo, "Resistir ao aguilhão só lhe trará dor!" (At 26:14, NVI), indicam que o Espírito [Santo] o estivera convencendo. No mundo antigo, o "aguilhão" era uma vara com uma ponta afiada utilizada para cutucar bois, sempre que estes se recusavam a puxar o arado. Saulo havia resistido ao aguilhão de Deus durante algum tempo, mas finalmente, em sua viagem para Damasco, num encontro miraculoso com o Jesus ressuscitado, ele decidiu parar de lutar. [51]

Considerando que a prática de *hunting* pode ser definida como uma modalidade de seleção de pessoal – objetivando a identifica-

83

ALCIDES FERRI

ção, atração e avaliação de profissionais especializados para postos estratégicos –, o *Headhunter* Jesus acertou em cheio quando viu em Paulo o candidato ideal para o propósito de Seu "Cliente" (Deus). Tratou logo de abordá-lo e arregimentá-lo, do concorrente para Sua equipe de trabalho.

É sabido que o capital humano é a energia estimuladora por detrás de todo empreendimento de sucesso, por isso a prática de *hunting* é um método favorável para absorver a força motriz de que as organizações necessitam, principalmente no que se refere à captação de indivíduos com competências mais adequadas. Não é à toa que Ellen White destaca Paulo como uma "vantagem competitiva":

Paulo fora anteriormente reconhecido como zeloso defensor da religião judaica e implacável perseguidor dos seguidores de Jesus. Corajoso, independente, perseverante, seus talentos e preparo o teriam capacitado a servir quase em qualquer atividade. Era capaz de argumentar com clareza extraordinária e, por seu fulminante sarcasmo, podia colocar o adversário em posição nada invejável. E agora os judeus viam esse jovem extraordinariamente promissor unido com aqueles a quem antes perseguira, pregando destemidamente no nome de Jesus. Um general que tomba em combate está perdido para seu exército, mas sua morte não acrescenta força ao inimigo. Mas, quando um homem preeminente se une às forças opositoras, não apenas se perdem seus serviços, como ganham decidida vantagem aqueles com quem se uniu. Saulo de Tarso, em caminho para Damasco, podia facilmente ter sido fulminado pelo Senhor, e muita força ter-se-ia retirado do poder perseguidor. Mas Deus em Sua providência não apenas poupou a vida de Saulo, mas converteu-o, transferindo assim um campeão do campo do inimigo para o lado de Cristo. Orador eloquente e crítico severo, Paulo, com seu decidido propósito e sua inquebrantável coragem, possuía as próprias qualificações necessárias à Igreja primitiva.[52]

JESUS HEADHUNTER

No âmbito espiritual, o Dr. Carl Cosaert ressalta que:

Jesus Cristo deu a Saulo [Paulo] o melhor que Ele tinha, ao homem que menos merecia isso. Para alguns, essa generosidade pode ter sido desconcertante ou até mesmo revoltante. Mas, se alguém tem consciência de que é um pecador necessitado da graça, a conversão de Saulo demonstra o quanto a graça é ilimitada e poderosa. Somente a graça de Deus poderia desviá-lo do caminho que ele livremente havia escolhido para si.[53]

Podemos olhar para as pessoas escolhidas por Jesus e ter a clara percepção de que, como elas, somos mais do que aparentamos ser.

O dono de um pequeno comércio, amigo do poeta Olavo Bilac (1865-1918), abordou-o na rua: "Senhor Bilac, preciso vender meu sítio, aquele que o senhor conhece tão bem", disse. "Será que poderia redigir um anúncio para o jornal?" Bilac apanhou o papel e escreveu: "Vende-se encantadora propriedade, onde cantam os pássaros ao amanhecer no extenso arvoredo, cortada por cristalinas e marejantes águas de um ribeirão. A casa banhada pelo sol nascente oferece a sombra tranquila das tardes na varanda." Meses depois, Bilac voltou a encontrar o homem e perguntou se havia vendido o sítio. "Nem pensei mais nisso", respondeu ele. "Quando li o anúncio percebi a maravilha que tinha. Às vezes desprezamos as coisas boas que possuímos e vamos atrás da miragem de falsos tesouros."[54]

Moral da história: cada pessoa tem características que, se potencializadas, farão dela um profissional de valor e a tornarão merecedora de perspectivas além daquilo que ela imagina. Deus nos dotou de atributos que são verdadeiramente nosso mais precioso tesouro e que, muitas vezes, estão escondidos esperando apenas ser garimpados e purificados com a finalidade de revelar seu real valor.

Não importa como a sociedade ou outras pessoas nos veem. Para Deus, temos muito valor. Deus nunca desiste de nós e nos abençoará uma vez que façamos d'Ele o primeiro.

ALCIDES FERRI

As aparências enganam

Quando Jesus deixou a Judeia e foi para Galileia (Jo 4:43-44), poderia ter visitado a cidade de Nazaré, onde havia sido criado, antes de chegar a Caná. Ellen White fala sobre esse episódio e nos ajuda a entender o quão enganoso é julgar pelas aparências.

O povo de Nazaré, no entanto, não cria nEle. Por isso Jesus não visitou Nazaré em Sua passagem para Caná. O Salvador declarara aos discípulos que um profeta não tem honra na sua própria terra. Os homens estimam o caráter segundo aquilo que eles próprios são capazes de apreciar. Os de espírito estreito e mundano julgavam a Cristo por Seu humilde nascimento, Seu traje modesto e o meio de vida em que labutara. Não eram capazes de apreciar a pureza daquele espírito isento de qualquer mancha de pecado.

Havia em torno deles aldeias inteiras em que não se ouvia um gemido de enfermo em casa alguma, pois Ele passara entre eles e lhes curara todas as enfermidades. A benignidade, revelada em todo ato de Sua vida, dava testemunho de Sua divina unção.[55]

No entanto, os nazarenos olhavam apenas as aparências, por isso houve resistência e incredulidade em aceitar Jesus como o Messias. O Senhor passou por alto os lares da cidade de Nazaré, e o povo dali não pôde se beneficiar com a Sua ajuda simplesmente porque se separaram dos condutos por onde lhes podiam vir as bênçãos divinas.

Em outra ocasião, quando Jesus reclamara para Si a glória do Messias, conforme relatado em Lucas 4:16-30, os nazarenos indagaram: "Quem é esse Jesus?" Ele era o filho de um carpinteiro e trabalhara no ofício com José, Seu pai.

Tinham-nO visto labutando acima e abaixo das colinas, conheciam--Lhe os irmãos e as irmãs, bem como Sua vida e labores. Haviam-Lhe acompanhado o desenvolvimento da infância à mocidade, e desta à varonilidade. Conquanto Sua vida houvesse sido sem mancha, não queriam crer que fosse o Prometido. [...] Não admitiriam que Aquéle que surgira

JESUS HEADHUNTER

da pobreza e da humildade fosse mais que um homem comum. [...] Não queriam admitir que esse Homem, que fora criado entre eles, fosse diverso ou maior que eles próprios. Mas não foi apenas a ausência de glória exterior na vida de Jesus que levou os judeus a rejeitá-Lo. Ele era a personificação da pureza, e eles eram impuros. Ele vivia entre os homens como exemplo de imaculada integridade. Sua vida irrepreensível projetava luz sobre o coração deles. Sua sinceridade lhes revelava a insinceridade. Ela manifestava o vazio de sua pretensa piedade, e mostrava-lhes a iniquidade em seu odioso caráter. Essa Luz era mal recebida.[56]

Conforme o *Comentário bíblico adventista*:

O povo de Nazaré O conhecia bem. A convivência diária com eles testemunhava de Sua perfeição de caráter, e eles se ressentiram porque isso os colocava em condição desfavorável. Em Seu caráter exemplar eles nada viam que particularmente os atraísse, nada que apreciassem ou considerassem de valor no alcance dos objetivos de sua vida. [57]

Como Deus vê?

[...] porque o Senhor não vê como vê o homem. O homem vê o exterior, porém o Senhor, o coração (1Sm 16:7).

Numa literatura devocional com mensagens diárias, o professor de teologia José Maria Barbosa Silva apresenta o texto "Ver além das aparências" e discorre sobre o verso acima:

A escolha de Davi como rei de Israel nos ensina a não julgar as pessoas pela aparência. O profeta Samuel recebeu a indicação de Deus de ir até a família de Jessé para ungir o próximo rei de Israel. Como era de se esperar, Jessé trouxe primeiro o filho mais velho, Eliabe. De bom porte, alto, bom físico, elegante. A reação imediata de Samuel foi: "Deve ser este". Mas Deus foi bem claro com o profeta: "Não considere sua aparência". O fato é que Jessé

ALCIDES FERRI

desfilou todos os sete filhos diante de Samuel, e Deus seguiu dizendo: "Ainda não." O profeta perguntou para o pai: "Não está faltando alguém?" "Sim", disse Jessé, "ainda falta o menor. Ele não tem nem título de eleitor ainda. Ele é bom para tocar harpa e cuidar de ovelhas. Mas não sei se cairia bem num ambiente de palácio." Nem mesmo o pai viu em Davi um potencial de liderança. Os irmãos de Davi também não o imaginavam num ambiente palaciano. Mas esse adolescente desconhecido não passou sem ser notado por Deus. Que critério Deus usou para chamar Davi do anonimato para uma posição de destaque? Um ninguém que passou a ser alguém? Ele não estava numa posição de visibilidade, mas cumpria com fidelidade sua responsabilidade. Você nunca vai saber quando alguma coisa que aconteceu com você vai lhe abrir uma porta de oportunidade no futuro. Jamais passou pela mente de Davi, ao estar protegendo as ovelhas do urso, do leão e do lobo, que um dia seria o rei da nação israelita. Não sei que posição você ocupa ou em que departamento você trabalha. Mas, qualquer que seja a função, Deus tem um plano para sua vida que ninguém vai roubar. A fidelidade e a dedicação com que você cumpre suas tarefas determinarão em grande parte que papel você desempenhará na sociedade no futuro.[58]

Jesus enxergou a mulher sob um novo prisma

Indubitavelmente, a presença das mulheres no mercado de trabalho tem se solidificado nas últimas décadas. Além das expectativas de realização pessoal/profissional e independência financeira, a maioria das mulheres trabalha para reforçar o orçamento doméstico. Mas um fator preponderante na sociedade atual é a possibilidade de usar o seu treinamento e talentos. Por conta dessa participação no mercado de trabalho, as mulheres têm desempenhado múltiplos papéis. Vivem o conflito de conciliar a carreira com a vida familiar, o que pode gerar altos níveis de estresse. Por isso, a mulher tem o desafio de fazer ajustes constantes na busca de minimizar as pressões e compatibilizar a vida profissional com a familiar.

O mundo corporativo hoje necessita cada vez mais dos valores e características que as mulheres agregam com perfeição. Contu-

JESUS HEADHUNTER

do, um fato que salta aos olhos é a desigualdade que ainda predomina na divisão sexual do trabalho, principalmente no que diz respeito à equiparação salarial. Outro aspecto é a discriminação que se faz presente quando a contratação ou promoção de um homem é quase sempre relacionada a sua competência, enquanto a contratação ou promoção de uma mulher é relacionada, muitas vezes, a sua beleza e seus atributos físicos, o que as torna também as maiores vítimas de assédio moral e sexual no trabalho.

Em Provérbios 31:10 — "Mulher virtuosa, quem a achará? O seu valor muito excede o de finas joias" – existe um jogo no conceito de riqueza. A verdadeira riqueza de uma mulher está no caráter, na integridade e no temor do Senhor. Isso excede imensamente o valor encontrado nas pedras preciosas.[59] Portanto, dentro desse contexto, as mulheres que sabem usar a feminilidade a seu favor sem recorrer à sensualidade para conseguir o que querem e que sabem usar a diferença de gêneros como um dom e uma bênção e não como uma arma precisam ser valorizadas e respeitadas, tendo em vista que elas querem ser reconhecidas pelas competências.

A premiada escritora Trudy J. Morgan-Cole destaca que Jesus demonstrou total consideração e valorização às mulheres na pessoa de Maria Madalena:

> Em uma sociedade em que a mulher não tinha permissão de dar testemunho perante o tribunal ou servir de testemunho para a assinatura de um documento, Jesus escolheu uma mulher – uma mulher de reputação questionável – para levar a maior e mais inacreditável notícia de todos os tempos aos Seus seguidores. Tradicionalmente, Maria Madalena é conhecida como a Apóstola dos Apóstolos devido à sua função vital como primeira testemunha da ressurreição de Jesus.[60]

Que curioso! À primeira vista parece um paradoxo. Numa sociedade em que a mulher era desvalorizada e não servia nem para ser uma testemunha, Jesus fez dela a Sua testemunha. Incumbiu Maria

ALCIDES FERRI

Madalena de ser a portadora e transmissora das boas novas da ressurreição. Assim ela desempenhou um papel importante e de destaque após a morte de Cristo. Certamente, o respeito, por parte dos discípulos, para com Maria Madalena aumentou consideravelmente, e a autoestima dela se elevou justamente porque Jesus proporcionou, oportunamente, condições para que o status dela fosse elevado do nível mínimo para o nível máximo, dentro daquilo que lhe era devido.

Com relação à mulher samaritana, a Bíblia registra em João 4:28-29: "Quanto à mulher, deixou o seu cântaro, foi à cidade e disse àqueles homens: Vinde comigo e vede um homem que me disse tudo quanto tenho feito. Será este, porventura, o Cristo?"

Trudy J. Morgan-Cole complementa, dizendo:

A mulher samaritana deixou mais do que o seu cântaro naquele poço. Deixou o senso de inferioridade, a identidade de esposa fracassada e mulher imoral. Voltou para a cidade não com o foco em si mesma, mas em Jesus. Ao abrir-se para uma conversa inesperada [com Jesus], ela encontrou o caminho para quebrar o ciclo do fracasso e do desespero. [61]

CAPÍTULO 9°

Jesus usou a entrevista comportamental?

Considerando que do ponto de vista técnico as pessoas podem ser bastante parecidas, os atributos comportamentais fazem a diferença na hora da contratação e/ou promoção de um colaborador. Por isso a seleção por competências vem ganhando cada vez mais espaço nas organizações. A psicóloga e consultora organizacional Maria Odete Rabaglio afirma que a seleção por competências é um método vantajoso porque, em vez de se basear na intuição do selecionador, baseia-se em fatos concretos e mensuráveis, como o comportamento do candidato.[62]

Como o aspecto comportamental tem sido colocado como fundamental para o sucesso de todo profissional, não necessariamente em detrimento do conhecimento técnico e da experiência, a entrevista comportamental com foco em competências, devidamente aplicada, é uma das ferramentas de maior eficácia. Conforme destaca Rabaglio:

A entrevista comportamental é estrategicamente estruturada para investigar o comportamento passado da pessoa numa situação similar da competência a ser investigada. Foi criada na década de 1970 por psicólogos organizacionais e popularizada pelo Dr. Paul Green, da empresa Behavioral Technology, em Memphis, Tennessee, EUA. Esse tipo de entrevista é o método mais popular usado nos Estados Unidos tanto por pequenas empresas como pelas grandes e multinacionais.[63]

A técnica é baseada na premissa de que o comportamento passado do candidato pode dar dicas sobre seu comportamento futuro. Com base no perfil de competências do cargo é possível elaborar a entrevista comportamental e também as dinâmicas e jogos para que o selecionador consiga identificar a presença ou ausência de competências no comportamento do candidato. O entrevistador ou selecionador faz perguntas previamente formuladas e planejadas na qual estarão implícitas as competências a serem investigadas. Com base no histórico do candidato, o selecionador terá condições de avaliar se foram ou não evidenciadas as competências requeridas. O comportamento relatado será um fator determinante, em conjunto com o contexto e o resultado alcançado.

Na entrevista comportamental, quando bem realizada, o candidato acaba deixando transparecer seu perfil com maior clareza. Mas, quando se fala em comportamento, é possível que haja candidatos que farão de tudo para demonstrar um comportamento desejável ou em conformidade com os requisitos da vaga. Ou seja, se perceber ou achar que uma determinada competência está sendo investigada, tentará moldar não só o comportamento presente, mas também, o que é alvo de investigação, o comportamento passado, na tentativa de simular a competência em questão.

Para minimizar tais ações, além da entrevista comportamental, na qual o entrevistador precisa estar capacitado para observar se ocorre discrepância entre a comunicação verbal (uso da linguagem falada/escrita) e não verbal (uso da linguagem corporal) do candidato, também é importante utilizar a combinação de diferentes ferramentas adequadas às etapas do processo, como por exemplo: dinâmicas de grupo (com foco em competência), testes seletivos, provas situacionais, etc. – o que também tende a minimizar a subjetividade (opiniões/preconceitos) presente no selecionador. Assim, ao confrontar os resultados das ferramentas usadas, obtém-se um parecer bem definido de cada candidato para a tomada de decisão (escolha).

Selecionar com base em competências significa optar por aquele candidato com maior alinhamento entre suas competências pessoais e profissionais e as reais exigências e necessidades da empresa e do cargo. Nem sempre a escolha do candidato será resultado do melhor currículo ou do candidato mais experiente.[64]

Com o propósito de conduzir eficazmente entrevistas de seleção, é útil que o entrevistador adote e se familiarize com os métodos abaixo:

A metodologia CAR (Contexto, Ação e Resultado), do Dr. Paul Green, é uma proposta de Maria O. Rabaglio para analisar as respostas dos candidatos quando submetidos à entrevista por competências. O entrevistador deve analisar se a resposta do candidato à pergunta formulada contém informações sobre o contexto (quando, local, cargo, etc. em que ocorreu o fato narrado pelo entrevistado), a ação (qual o comportamento que o entrevistado deu frente à situação narrada) e o resultado (qual o impacto e a consequência que sua ação teve).[65]

A metodologia STAR (Situation, Task, Action, Result [Situação, Tarefa, Ação, Resultado]) – do Dr. Herbert Kellner (do Institute of Training and Development), uma proposta de Maria Rita Gramigna (consultora em gestão de pessoas e instrutora de treinamento), também sugere que o entrevistador deve analisar se ao responder a pergunta formulada o candidato oferece elementos da situação em que o fato narrado ocorreu, em que tarefa estava engajado, a ação que teve diante da situação e o resultado obtido. Caso a resposta não esteja completa, em ambos os métodos, o entrevistador deve explorar o que falta ao cobrir todos os elementos.[66]

Em síntese, os dois modelos são muito parecidos. O que Green chama de contexto inclui a situação e tarefa do modelo de Kellner. A ação e o resultado são elementos comuns aos dois modelos.

ALCIDES FERRI

Quando uma entrevista era estabelecida entre Jesus e Seus interlocutores, uma abordagem interessante se fazia presente. Com a capacidade de deflagrar a verdadeira motivação por trás de cada comportamento apresentado, Jesus trazia à tona o que estava submerso no coração das pessoas e as confrontava com sua real condição. Foi o que aconteceu com três exemplos de candidatos a discípulos e com a mulher samaritana, que serão vistos a seguir.

Entrevista de Jesus com o jovem rico

E, pondo-se Jesus a caminho, correu um homem ao seu encontro e, ajoelhando-se, perguntou-lhe: Bom Mestre, que farei para herdar a vida eterna? Respondeu-lhe Jesus: Por que me chamas bom? Ninguém é bom senão um, que é Deus. Sabes os mandamentos: Não matarás, não adulterarás, não furtarás, não dirás falso testemunho, não defraudarás ninguém, honra a teu pai e tua mãe. Então, ele respondeu: Mestre, tudo isso tenho observado desde a minha juventude. E Jesus, fitando-o, o amou e disse: Só uma coisa te falta: Vai, vende tudo o que tens, dá-o aos pobres e terás um tesouro no céu; então, vem e segue-me. Ele, porém, contrariado com esta palavra, retirou-se triste, porque era dono de muitas propriedades (Mc 10:17-22).

O Dr. Bertram Melbourne sugere que: "Em presença de Jesus, ele [o jovem rico] começou imediatamente uma discussão, buscando, parece, bajular Jesus, que não Se deixou iludir pela lisonja. Ao contrário, Jesus foi direto ao cerne de sua pergunta, apontando ao homem a Lei de Deus."[67]

Em relação à forma como se dá a aproximação do jovem com Jesus, parece predominar, por parte do jovem, a estratégia de insinuação, uma das estratégias de gerenciamento de impressão preconizadas pelos autores Edward E. Jones e Thane S. Pittman.[68] Por meio dessa estratégia bastante utilizada pelos candidatos nos processos seletivos, a pessoa procura tecer elogios ao entrevistador a fim de granjear apreciação e causar simpatia.

JESUS HEADHUNTER

De acordo com as Profas. Maria L. Carvalho e Carmem L. I. Grisci, "comportamentos relacionados à estratégia da insinuação são incentivados nas orientações dos websites, jornais e livros consultados, propondo-se, inclusive, a apresentação de uma empatia artificial que, por vezes, assemelha-se à bajulação".[69]

Ao Jesus colocar os mandamentos em linguagem negativa, dizendo o que não se deve fazer, o jovem prontamente respondeu que guardava tudo desde a mocidade, com a intenção de gerar uma determinada impressão, mas a aparência não era reflexo real da essência.

Observe que, em resposta ao jovem rico, Jesus estabeleceu uma "entrevista comportamental" com o propósito de trazer à tona o comportamento do rapaz e assim, em seguida, por meio da condição imposta, analisar se efetivamente o comportamento apresentado coadunava com a atitude esperada (que era a condição para o discipulado).

O Dr. Bertram Melbourne e o Prof. Berdnt D. Wolter (mestre em Teologia pelo Unasp e doutor em Ministério pela Andrews University) explicam que:

Embora exteriormente, em suas ações, o jovem parecesse ser um fiel seguidor do Senhor, estava faltando alguma coisa mais. As palavras de Jesus e a resposta do homem a essas palavras mostram que seu coração não estava verdadeiramente convertido. Apontando para os mandamentos, Jesus lhe mostrou que a verdadeira salvação se manifesta em uma obediência à lei que envolve a morte para o eu. A riqueza do homem se havia tornado um ídolo para ele, e Jesus lhe mostrou que, apesar de sua retidão exterior, seu tesouro estava na Terra, e não no Céu, e ele precisava de uma radical mudança de coração.[70]

Havia no coração do jovem rico uma pedra de tropeço que colocaria em risco o desenvolvimento de todo o seu ser. [...] Através de uma sequência de argumentos, [Jesus] apenas deu ao jovem a oportunidade de se livrar dessa pedra de tropeço. É interessante como Jesus abordava as pessoas. Ele não ordenou, de início, o que o jovem rico precisava fazer. Ele o conduziu à falácia de sua estrutura de vida, ajudou-o a entender sua necessidade real e depois o confrontou com a solução, que realmente faria a diferença em seu coração. [71]

A Bíblia diz que Jesus olhou para ele e o amou [Mc 10:21]. Isto depois de vê-lo pelo que ele era – imperfeito, egoísta. Mas Ele viu o que o jovem podia vir a ser. É assim que os olhos penetrantes de Jesus enxergam. [...] Quando buscou fazer com que o jovem esclarecesse por que O havia chamado de "bom", Jesus quis ajudar o jovem a testar sua sinceridade e perceber sua falta. Nesse teste havia um convite não só para que ele visse sua própria fraqueza, mas para que servisse ao único que pode nos salvar de nossas debilidades. O jovem rico era muito esperto para não perceber o que Jesus estava insinuando. Mas se afastou porque o custo da vida eterna parecia inconveniente. [72]

No que diz respeito à vida eterna para cada um de nós, sob que condição se cumprirá tal promessa? A resposta dependerá daquilo que cada um escolher colocar no trono do seu coração.

O Pr. Rubem M. Scheffel, editor da Casa Publicadora Brasileira por 32 anos, salienta:

Para iniciar-se no caminho da salvação é preciso ir a Jesus e apresentar-Lhe as mãos vazias e sujas. Devemos lembrar-nos, porém, que elas não permanecerão nesse estado, pois, enquanto nos mantivermos em ligação com Cristo, Ele operará em nós o querer e o fazer. Isto significa que o Espírito Santo passará a produzir boas obras em nós e através de nós. E realizar boas obras como resultado de uma entrega total a Cristo é muito diferente de realizar as mesmas boas obras com o objetivo de alcançar a salvação. No primeiro caso, é uma consequência natural da verdadeira conversão. No segundo, é legalismo. [73]

O Pr. Wilson Sarli, que serviu por quase meio século como pastor e administrador na organização adventista, esclarece:

Na entrevista com aquele jovem, Jesus lhe disse: "Uma coisa ainda te falta: vende tudo o que tens, dá-o aos pobres" (Lc 18:22). No caso desse moço rico, esse foi o conselho dado pelo Mestre para que ele pudesse alcançar o que lhe faltava para herdar a vida eterna. Para você e para mim, talvez não seja esse o ponto fraco. Mas a verdade é que todos percebemos em nós "essa coisa que falta". [74]

JESUS HEADHUNTER

Eram necessários participação ativa e empenho na obra que Jesus desejava empreender, como o é em qualquer empreendimento hodierno. Nenhuma organização deseja ter colaboradores em seu quadro de pessoal cujas afeições estejam voltadas para aspectos que dificultam o engajamento. Para que a capacidade de um candidato disposto seja 100% aproveitada nos objetivos organizacionais, suas afeições não podem estar voltadas para elementos que impeçam uma entrega total. Ninguém consegue engajar-se de forma cabal em uma empresa, causa, igreja ou ONG se outros fatores exercem influência e força contrária. Isso significa dizer que, por conta da história do jovem rico apresentada na Bíblia, o dinheiro e a riqueza atuam como algo negativo na vida das pessoas? A resposta é sim e não. Sim para o jovem rico e muitas pessoas; não para outras. A questão aqui não é o dinheiro e a riqueza em si, mas a influência que exercerão na vida da pessoa. Pode ser o dinheiro e a riqueza, mas também pode ser qualquer outra coisa. Para o jovem rico, seu grande tesouro o impediu de conseguir o que ele tanto almejava. Quando Jesus o pôs à prova no seu ponto mais fraco foi possível observar a incompatibilidade do seu perfil com a causa de Cristo. Muito embora sua abordagem ao entreter conversação com Jesus parecesse recomendá-lo como um candidato ideal para a causa do Mestre, este conduziu a entrevista de tal forma que mostrou para o jovem que, se de fato ele tivesse observado os mandamentos, suas posses não teriam exercido tamanha influência.

Não basta gerenciar a impressão objetivando criar oportunidade e vantagem por meio da aparência, pois, quando o candidato se depara com um entrevistador que o faz confrontar-se com seus *gaps*, a essência logo aparece. A entrevista de seleção, quando realizada visando manifestar o real comportamento do candidato, pode proporcionar informações que ele mesmo desconhece sobre si e sobre a posição em questão. Ao indicar o que faltava para o jovem, Jesus confrontou o que ele professava ser com o real comportamento que ele tinha, mostrando, assim, que a reação divergia da ação. A princípio, o jovem não pensava que tinha alguma falta, mas, durante a entrevista, ao ser submetido a uma prova de escolha, tomou consciência de seu real comportamento e trocou o que viera buscar – a vida eterna – pelo que já tinha – as riquezas.

ALCIDES FERRI

Entrevista de Jesus com o escriba

Então, aproximando-se dele um escriba, disse-lhe: Mestre, seguir-te-ei para onde quer que fores. Mas Jesus lhe respondeu: As raposas têm seus covis, e as aves do céu, ninhos; mas o Filho do Homem não tem onde reclinar a cabeça (Mt 8:19-20).

Interessante nesse encontro que a pessoa que foi a Jesus era um escriba, da elite educada de Israel. Ele era um homem culto, instruído e de elevada posição social.[75] O Dr. Bertram Melbourne e o Prof. Berdnt Wolter relatam que:

Alguns escribas se identificaram com Jesus; eles eram muito honrados. Queriam segui-Lo, não para ser influenciados por Seus ensinos, mas para apanhá-Lo em alguma armadilha. Mas aqui estava um escriba que fora tocado pelo ensino de Jesus a ponto de se oferecer como voluntário e se tornar discípulo. Mas Jesus conhecia o coração, e Sua resposta mostra que, talvez, os motivos do escriba não fossem puros. Ele pode ter desejado se unir a Jesus com a esperança de obter vantagens mundanas. A resposta de Cristo, porém, logo deve tê-lo desiludido de qualquer noção a esse respeito. No fim, o texto não nos diz qual foi a escolha final desse escriba. Pelo que Jesus disse, não é difícil imaginar o escriba se afastando.[76]

O escriba estava inserido em um sistema de valores que premiava a ambição e o ganho pessoal. Para ele, era natural buscar as vantagens que estivessem ao seu alcance. O sistema religioso, farisaico, havia corrompido os caminhos saudáveis do coração. Quando ele se apresentou a Jesus, o Mestre percebeu que o coração dele estava comprometido com outras coisas, de tal maneira que ele não serviria para a função de mudar o mundo. Mas, para dar-lhe a chance de decidir pelo contrário, lhe disse em Mateus 8:20: "As raposas têm seus covis, e as aves do céu, ninhos; mas o Filho do homem não tem onde reclinar a cabeça." [77]

Talvez isso estivesse na mente de Jesus quando pediu ao escriba para que avaliasse o custo antes de segui-Lo. Jesus não estava tentando diminuir seu ardor ou entusiasmo, mas queria avaliar e provar sua decisão. O caminho cristão nunca é fácil. Existe uma cruz a levar antes de receber a coroa. O discípulo de Jesus deve morrer para o eu e colocar Jesus sobre toda consideração ou obrigação terrestre [nada tem precedência sobre Jesus].[78]

JESUS HEADHUNTER

No texto de Mateus 8:19-20, fica claro que Jesus nunca escancarou as portas para quem quisesse segui-Lo. Ele provava e testava para ver se a pessoa realmente queria segui-Lo. No caso do escriba, Ele apresentou uma dificuldade em seu caminho. Aquele que podia ler corações, intenções e motivos colocou a dificuldade exatamente onde o escriba não tinha motivos claros.[79]

É provável que, em primeira instância, ninguém conseguisse discernir quão verdadeira era a promessa do escriba de seguir Jesus. Ao que tudo indica, para um entrevistador inexperiente e despreparado, a disposição do escriba de seguir o Senhor em qualquer lugar era de caráter permanente e duradouro. Mas, como vimos, Jesus confrontou o escriba com a sua própria promessa ousada de fidelidade ao preveni-lo da possibilidade, implícita em Sua resposta, de enfrentar privações e dificuldades ao segui-Lo.

Na entrevista de Jesus com o escriba é possível perceber algo que ocorre muito nos processos seletivos para contratação ou promoção: o candidato, na hora da entrevista, manifesta um compromisso exagerado com a empresa e se coloca como cumpridor de todos os requisitos da vaga, caso venha a ser admitido ou promovido. É claro que todo entrevistador quer ver um candidato entusiasmado, mas é preciso cautela para com aqueles que apresentam uma animação desproporcional, pois podem, uma vez admitidos ou promovidos, esquecer-se do comprometimento antes demonstrado e/ou buscar apenas as vantagens da posição. Para que a real intenção do candidato não seja ocultada por uma veemente profissão de fidelidade, é importante fazer o que Jesus fez ao acautelar o escriba da possibilidade de ele ter de enfrentar inúmeras dificuldades. Assim fazendo, é revelada se a intenção é mesmo genuína ou não.

Entrevista de Jesus com o discípulo anônimo

Na sequência, em contraste com o escriba, em Mateus 8:21-22, relata-se sobre o discípulo anônimo:

E outro dos discípulos lhe disse: Senhor, permite-me ir primeiro sepultar meu pai. Replicou-lhe, porém, Jesus: Segue-me, e deixa aos mortos o sepultar os seus próprios mortos.

ALCIDES FERRI

O contraste se dá pelo fato de que ao escriba Jesus aconselhou precaução, enquanto que ao "anônimo" Jesus aconselhou pressa. Observe que os dois casos colocados juntos dão um quadro de equilíbrio ao discipulado.

Sobre o discípulo anônimo, o Dr. Bertram Melbourne esclarece:

Não sabemos o nome desse homem, mas sabemos que ele já era discípulo, o que significa que já havia aceito um chamado de Jesus. Mas ele estava tendo dificuldade em comprometer-se. Suas palavras a Jesus traem um coração dividido entre querer servir a Jesus completamente e cumprir suas obrigações. William Barclay explica o significado por trás dessa expressão do Oriente Médio "devo enterrar meu pai". Quando esse candidato a discípulo disse isso a Jesus, estava realmente dizendo que "não posso sair de casa e Te seguir, Jesus, até depois da morte de meu pai, o que pode não acontecer por muitos anos. Enquanto isso, preciso cumprir meus deveres para com meus pais e parentes antes de poder partir" [...]. A resposta de Jesus revela o problema e a solução com uma clareza quase brutal. A lealdade ao Senhor supera expectativas culturais. "Deixe que os mortos enterrem os seus mortos" é a maneira de Jesus dizer: "Entendo que você tem uma obrigação importante para com seus pais, mas sua obrigação para comigo precisa vir primeiro. Saia agora, ou você nunca sairá e Me seguirá."[80]

[...] Se o pai realmente estivesse morto, não teria sido problema, porque ele poderia ter atendido a questão e, então, retornado ao discipulado. [Aparentemente o pai sequer estava enfermo, quanto mais morto]. [A] resposta do homem revelou seu caráter. Em contraste com a precipitação e a impulsividade do escriba, ele [o discípulo anônimo] era lento, apático, carente de zelo para o trabalho, indeciso e propenso à procrastinação. De fato, Ele estava adiando o discipulado para o futuro indefinido porque não queria fazer um compromisso imediato. Se ele não se submetesse a Cristo naquele momento, talvez nunca mais fizesse isso. Aparentemente, o homem estava dizendo que só poderia começar o discipulado quando fosse conveniente para ele. Além disso, Jesus queria mostrar que, por causa do limitado tempo que tinha para preparar os discípulos, o discipulado exigia atenção não dividida e compromisso pleno.[81]

JESUS HEADHUNTER

Em ambos os casos, houve uma candidatura voluntária. No entanto, se Jesus tivesse elaborado um anúncio de emprego para a suposta vaga em aberto, certamente elencaria "comprometimento" como um requisito essencial no candidato que queria atrair e que poderia ser interpretado como um comportamento que supera o mero envolvimento com o trabalho.

É evidente que no mundo corporativo não se contempla comprometimento sem conhecimento ou vice-versa, pois os dois fatores são condições implícitas numa relação de emprego. Mas de nada adianta contratar um profissional que tenha como ponto forte o conhecimento se ao mesmo tempo não tiver comprometimento – uma das competências comportamentais mais valorizadas pelo mercado. Para Jesus, num primeiro momento, embora desejável, o quesito "conhecimento" era sem relevância. O que Ele queria era comprometimento, também traduzido como uma atitude de prontidão e disponibilidade, porque Ele sempre oferecia para o desenvolvimento dos colaboradores um plano de treinamento, cujo objetivo era aperfeiçoar os conhecimentos necessários à posição. Até mesmo proficiência num segundo idioma não era tão importante, pois quando necessário Jesus capacitava seus *players* a falar com fluência outras línguas (At 2:1-4; Mc 16:17). Portanto, não era preciso ser um campeão de competências técnicas para ser considerado adequado, mas totalmente empenhado e comprometido.

Entrevista de Jesus com a mulher samaritana

Judeus e samaritanos eram inimigos. Jesus, que era judeu, obteve uma entrevista com a mulher samaritana junto ao poço de Jacó e se posicionou desprovido de qualquer preconceito (Jo 4:1-42). Ao pedir a ela um pouco de água para beber, quebrou as barreiras de etnia e de gênero e, assim, granjeou a atenção da mulher, abrindo caminho para uma conversa que mudaria o rumo da vida dela. Embora estivesse com sede, pedir água foi uma estratégia de aproximação, com o plano de estabelecer *rapport*, considerando que um favor como esse nenhum oriental recusaria.

Durante a entrevista, Jesus revelou à mulher que Ele próprio era a Água Viva.

ALCIDES FERRI

Afirmou-lhe Jesus: Quem beber desta água [do poço] tornará a ter sede; aquele, porém, que beber da água que eu lhe der nunca mais terá sede; pelo contrário, a água que eu lhe der será nele uma fonte a jorrar para a vida eterna. Disse-lhe a mulher: Senhor, dá-me dessa água para que eu não mais tenha sede, nem precise vir aqui buscá-la (Jo 4:13-15).

Após o interesse da mulher, houve então a necessidade de Jesus trazer à tona o comportamento dela, com o intuito de confrontá-la com a sua real condição. "Antes que essa alma [a mulher samaritana] pudesse receber o dom que Ele ansiava conceder-lhe, seria preciso que fosse levada a reconhecer seu pecado e seu Salvador."[82]

Para ela, o assunto era algo indesejado, pois evidenciava seu estilo de vida – um ciclo de relacionamentos malsucedidos.

Disse-lhe Jesus: Vai, chama teu marido e vem cá; ao que lhe respondeu a mulher: Não tenho marido. Replicou-lhe Jesus: Bem disseste, não tenho marido; porque cinco maridos já tiveste, e esse que agora tens não é teu marido; isto disseste com verdade. Senhor, disse-lhe a mulher, vejo que tu és profeta (Jo 4:16-19).

Contudo, Jesus abordou o assunto sem constrangê-la, pois permitiu pacientemente que ela conduzisse a conversa para outro rumo, embora Ele estivesse controlando a entrevista. Quando ela desviou o assunto para o tema "adoração" (Jo 4:20),

[...] Ele aproveitou a conversa e a utilizou para trazer mais verdades, conduzindo-a de volta a Ele mesmo, desta vez, não como profeta, mas o Messias. Impressionada por Jesus – sem dúvida, principalmente porque Ele conhecia seus segredos – a mulher creu nEle. [83]

A aproximação de Jesus, a maneira como conduziu a entrevista e o respeito para com a mulher ao tratar de um assunto delicado relativo ao seu comportamento fizeram toda a diferença para ela romper com sua trajetória de fracasso e tornar-se Sua testemunha.

JESUS HEADHUNTER

Com base nas entrevistas de Jesus, é possível explorar a forma como Ele se utilizava da técnica de fazer perguntas quando Se relacionava com as pessoas. Jesus era um entrevistador inigualável, pois sabia fazer as perguntas certas e, muitas vezes, fazia perguntas e assertivas completamente desconcertantes, obrigando as pessoas a se abrirem mais e a revelarem coisas que, de outra forma, não o fariam.

Vejam-se exemplos de perguntas que Ele fez. Voltando ao caso do jovem rico:

— "Por que Me chamas bom?" (ou: você acha que eu não percebi que você está tentando me bajular?)

— "Tu sabes os mandamentos?" (ou: você conhece os princípios e os valores do Meu Reino?)

E, quando o jovem rico respondeu que ele havia guardado tudo desde a juventude, Jesus fez uma revelação desconcertante ("uma coisa te falta"), que demonstrou que o jovem sequer sabia quais eram os princípios norteadores dos mandamentos: amor a Deus e amor ao próximo. E que muito menos em algum momento ele havia verdadeiramente guardado os mandamentos pela motivação correta.

Na seguinte afirmação havia perguntas implícitas:

— "As raposas têm seus covis, e as aves do céu, ninhos; mas o Filho do Homem não tem onde reclinar a cabeça." (É isso que você deseja para a sua vida? Você está preparado para enfrentar essas privações?)

As quatro entrevistas de Jesus citadas anteriormente nos dão uma base sólida para a importância de se utilizarem os questionamentos com vistas a levantar os comportamentos relevantes da vida do candidato e avaliar sua aptidão para a posição pleiteada. A maneira como Jesus procedeu possibilitou-Lhe colher as informações necessárias de cada um dos candidatos a discípulos e da mulher samaritana, reforçou o diálogo e promoveu um conhecimento maior e melhor a respeito dos interesses de cada parte. Logo, fica evidente que a entrevista é um dos métodos fundamentais de investigação no processo de seleção, principalmente quando é focada em trazer à baila o comportamento e, consequentemente, as competências.

ALCIDES FERRI

Onde começa o comportamento?

Comportamento é um conjunto de reações de um indivíduo na relação com seu meio ou com aquilo com que interage. A decisão acerca de um comportamento, se é adequado ou inadequado, dependerá das crenças e valores pertinentes a uma determinada cultura, evidenciando se seu agente está em harmonia ou não com os padrões de conduta estabelecidos ou naturalmente fixados no ambiente.

Nos dias de Jesus, o povo judeu se baseava muito no comportamento exterior; era ensinado que o pecado é um ato, e não um estado do ser. No entanto, Jesus salientou que o pecado já começa na mente, conforme Suas palavras em Mateus 5:27-28: "Ouvistes que foi dito: Não adulterarás. Eu, porém, vos digo: qualquer que olhar para uma mulher com intenção impura, no coração, já adulterou com ela."

Jesus mostrou que não bastava evidenciar um comportamento desejável face às regras estabelecidas se a conduta interior era contrária. A mente e o comportamento estão intimamente ligados.

O Prof. Julián Melgosa, doutor em Psicologia Educacional pela Universidade Andrews, declara:

Não é suficiente mudar o comportamento por motivo de conveniência ou para apresentar para o mundo uma aparência justa. O coração (mente) [forma pela qual nossa cultura costuma chamar a sede das decisões e dos sentimentos] precisa ser transformado, caso contrário os eventuais frutos mostrarão a verdadeira natureza desse coração.[84]

Considerando que a raiz do comportamento são os pensamentos, não é à toa que Paulo nos aconselha sobre em que pensar, em Filipenses 4:8:

Finalmente, irmãos, tudo o que é verdadeiro, tudo o que é respeitável, tudo o que é justo, tudo o que é puro, tudo o que é amável, tudo o que é de boa fama, se alguma virtude há e se algum louvor existe, seja isso o que ocupe o vosso pensamento.

JESUS HEADHUNTER

O que pensamos tem impacto muito forte sobre o que fazemos. Os bons e maus pensamentos e seus efeitos positivos e negativos em nosso comportamento vão depender dos estímulos externos captados pelos cinco sentidos: visão, audição, olfato, paladar e tato. Pois é por meio deles que entramos em contato com o mundo exterior ao nosso redor e absorvemos as informações pelas quais nossos pensamentos são formados. Estes, por sua vez, dão vazão ao comportamento.

Embora utilizemos uma combinação de todos os sentidos, algum exerce maior domínio do que os outros dependendo de cada pessoa. Por exemplo, existem pessoas que utilizam mais a visão para interagir com o mundo externo e obter informações; outras se valem mais da audição; e há aqueles que utilizam mais o tato. É importante ficar atento a qual sentido você recorre mais. O que vemos, o que ouvimos, o que cheiramos, o gosto que sentimos e o que estamos percebendo fisicamente constantemente geram informações que moldam nossos pensamentos. Para que o comportamento seja adequado, precisamos afastar pensamentos deletérios e cultivar bons padrões de pensamentos. Isso implica redirecionar o nosso modo de pensar, momento a momento, refletindo na qualidade daquilo em que pensamos. Não podemos deixar nossa mente vulnerável a influências externas cada vez que ligamos a televisão, entramos na internet ou nas redes sociais, abrimos uma revista ou um livro ou ouvimos uma música. Seja qual for a mídia com a qual nos ocupemos, é necessário atenção para selecionar o que está sendo comunicado a nossa mente. Até mesmo aquilo que ingerimos interfere. Uma alimentação saudável e livre de substâncias prejudiciais contribui para nossa habilidade de pensar com maior clareza e discernimento.

Comportamento interno versus comportamento externo

Na Igreja primitiva, após a morte de Jesus, havia cristãos provenientes do judaísmo que continuavam praticando a circuncisão (pequena cirurgia que retira o prepúcio, que é a pele que recobre a extremidade do pênis) e insistiam que os gentios (pagãos), quando se convertiam ao cristianismo, deviam ser circuncidados para se

ALCIDES FERRI

tornar verdadeiros seguidores de Cristo. Os defensores da prática da circuncisão são classificados na historiografia como judaizantes, pois, embora sendo um grupo egresso do judaísmo, ainda assim conservava o pensamento judeu tradicional. Eles davam mais valor ao comportamento externo do que à identidade em Cristo.

Paulo e os demais apóstolos eram contra a circuncisão porque tinham a convicção de que a morte do Senhor Jesus encerrava essa prática. A primeira referência à circuncisão encontra-se na Bíblia, em Gênesis 17:10-14, quando Deus a instituiu como um sinal do pacto realizado com Abraão e seus descendentes. Nesse momento, foi estabelecido que os meninos fossem circuncidados no oitavo dia de vida.

Matheus Cardoso (formado em Teologia pelo Unasp) elucida a questão:

No Antigo Testamento, a circuncisão era o sinal de que a pessoa passava a fazer parte de Israel, o povo da aliança (Gn 17:10-14). Ao exigir que os gentios fossem circuncidados, os oponentes de Paulo [alguns cristãos judeus] estavam dizendo que, para ser salva, uma pessoa precisava entrar para o povo de Israel. Isso era verdade no tempo do Antigo Testamento, e Deus aceitou muitos gentios como parte de Israel (Is 56:3-7). Mas a situação mudou com a vinda de Cristo. As distinções étnicas foram desfeitas quanto à salvação, e todos aqueles que aceitam a Jesus – judeus e gentios – se tornam parte do povo de Deus [...]. Exigir a circuncisão de gentios seria um retrocesso no tempo. Antes mesmo do Concílio de Jerusalém (At 15), Deus já havia mostrado que os gentios não precisam ser circuncidados para fazer parte de Seu povo [...].[85]

Em Gálatas 6:12, Paulo faz a seguinte observação: *"Todos os que querem ostentar-se na carne, esses vos constrangem a vos circuncidardes, somente para não serem perseguidos por causa da cruz de Cristo."*

O Dr. Carl Cosaert esclarece:

Ele [Paulo] os descreve [os defensores da circuncisão] como que-

JESUS HEADHUNTER

rendo "ostentar-se na carne". A expressão "ostentar-se" em grego significa literalmente colocar "uma boa face". De fato, a palavra para "face", em grego, é a mesma palavra para a máscara de um ator, e essa palavra era usada igualmente em sentido figurado para se referir ao papel desempenhado por um ator. Em outras palavras, Paulo estava dizendo que essas pessoas eram como atores buscando a aprovação de uma plateia. Em uma cultura baseada na honra e vergonha, a conformidade era essencial, e os que ensinavam os erros pareciam estar buscando aumentar seu grau de honra diante dos seus companheiros judeus na Galácia [província romana que ocupava a parte central do que agora é conhecido como a Ásia Menor] e de outros cristãos judeus de Jerusalém.[86]

O *Comentário bíblico adventista* traz o seguinte:

Se os judaizantes obtinham êxito em fazer prosélitos, recebiam louvor e glória dos judeus ortodoxos. Seu objetivo era convencer seus compatriotas judeus devotos de que, como cristãos, eles ainda eram bons judeus e, dessa maneira, conseguiriam o favor das autoridades judaicas. Demonstrando zelo pela lei, esperavam evitar a perseguição.[87]

O comportamento desses cristãos judeus sugeria que os ex-pagãos (cristãos gentios) não podiam ser verdadeiros cristãos a menos que fossem circuncidados. Segundo o Dr. Carl Cosaert,

Paulo salientou o engano de tal pensamento. Deus não pode declarar justa nenhuma pessoa com base em seu comportamento, pois nem mesmo os melhores seres humanos são perfeitos. Somente aceitando o que Deus fez por nós em Cristo, os pecadores podem ser justificados diante dEle.[88]

[Contudo,] Paulo [...] não queria que os gálatas concluíssem que ser incircunciso era mais agradável a Deus do que ser circuncidado. Esse não era o seu raciocínio, porque as pessoas podem ser de tal modo legalistas acerca do que fazem quanto acerca do que não fazem. Espiritualmente falando, a questão da circuncisão por si mesma é irrelevante. A verdadeira religião não está enraizada no comportamento externo, mas na condição do coração humano. Como o próprio Jesus disse, uma pessoa pode parecer maravilhosa por fora, mas estar espiritualmente podre por dentro (Mt 23:27).[89]

A circuncisão apropriada é a circuncisão do coração (Rm 2:28-29). Nesse sentido, os judaizantes estavam aquém. A transformação interna de comportamento é muito mais eficaz do que a mera aparência externa do comportamento, pois a transformação interna influencia diretamente a externa.

Não basta concentrarmos nossos esforços apenas nas observâncias exteriores e esquecermos que a verdadeira religião envolve a vida por completo. A religião dos judaizantes estava concentrada no exterior em prejuízo do interior. É necessário focalizarmos o todo.

O rito da circuncisão no mundo corporativo

Um equivalente moderno ao "rito da circuncisão" pode ocorrer num processo seletivo quando existem candidatos que se apegam a algum ponto/aspecto na tentativa de impressionar o entrevistador. Considerando que o comportamento é sempre observável e que o entrevistador é treinado para separar a realidade dos "enfeites" utilizados pelo entrevistado, não é comum tal candidato seguir adiante no processo de seleção.

Embora o comportamento apresentado faça uma distinção visível para aquilo que se presume que seja a realidade interna, nem sempre o comportamento evidenciado coaduna com o comportamento real. Sendo assim, é necessário que a empresa se valha de ferramentas corretas e profissionais preparados na área de gestão de pessoas (recursos humanos), visando oferecer subsídios aos gestores de cada área da organização no que tange à avaliação dos colaboradores, desde a contratação até a movimentação, promoção, retenção e o desenvolvimento de talentos.

Nos tempos atuais, o "rito da circuncisão" tem ganhado uma nova roupagem e figurino. O que está por fora nem sempre mostra o que

JESUS HEADHUNTER

está por dentro. Profissionais se valem de sua posição de destaque para transmitir uma aparência de competência, mas o tempo vai passando, muitos se esquecem de que o desenvolvimento é um processo contínuo e acabam se defasando diante dos desafios da posição.

De certo modo, a serventia da circuncisão dependia em grande parte do aspecto interno para que o externo tivesse valor, uma vez que, sem a circuncisão interna, tudo quanto era externo tornava-se sem nenhum valor. Portanto, o comportamento exterior se torna insignificante quando destituído de compromisso prático com o que se deseja mostrar.

CAPÍTULO 10

Espiritualidade como estímulo para as competências

O jornalista Maurício Oliveira, quando lançou, em 2001, o livro *Na mira dos headhunters* (Editora Campus), baseado em longas entrevistas com dez dos principais *headhunters* do Brasil, pediu que estabelecessem uma ordem de importância para dez atributos desejáveis em qualquer profissional.[90] Estas são as dez virtudes mais valorizadas pelos caça-talentos, em ordem de importância:

1. Persistência
2. Autoconfiança
3. Facilidade para relacionar-se
4. Estabilidade emocional
5. Boa formação técnica
6. Ética com colegas e concorrentes
7. Ambição de crescer
8. Experiência

9. Lealdade à empresa
10. Fidelidade aos superiores

Anos depois, para uma reportagem da revista *Você S/A*, Oliveira voltou a conversar com alguns *headhunters* ouvidos para o livro, e eles reafirmaram que as características da personalidade continuavam sendo valorizadas como o verdadeiro diferencial.

Na mesma matéria, ele destacou que a missão dos *headhunters* é encontrar a pessoa certa para determinada posição dentro de uma empresa, e isso não depende apenas da análise de fatores objetivos, como a formação acadêmica e os cargos ocupados anteriormente. Aspectos subjetivos também são levados em conta. Conforme colocado antes, os mais votados foram persistência, autoconfiança, facilidade para se relacionar e estabilidade emocional, virtudes que não dependem do grau de escolaridade ou do cargo ocupado. Boa formação técnica apareceu apenas em quinto lugar na classificação final, e experiência, em oitavo.[91]

Atualmente, sempre que se realiza uma pesquisa que visa destacar as características mais valorizadas no mercado de trabalho, é comum as competências comportamentais aparecerem no topo da lista e, na sequência, as competências técnicas (embora não menos relevantes), confirmando os pressupostos citados. Tudo aquilo que o profissional possui relacionado a conhecimento (saber) e habilidade (saber fazer) é considerado competência técnica; aquilo que está relacionado à atitude (querer fazer) é considerado competência comportamental. A "atitude é o que nos impulsiona a executar nossos conhecimentos e habilidades, é a predisposição que exerce influência na nossa conduta frente às pessoas e situações".[92] Portanto, comportamentos exteriores são efetivados a partir de atitudes subjacentes.

É possível e válido considerar que a experiência religiosa influencia aspectos cognitivos, afetivos e comportamentais, que são componentes da atitude. Isso está implícito no que Paulo diz:

Rogo-vos, pois, irmãos, pelas misericórdias de Deus, que apresenteis o vosso corpo por sacrifício vivo, santo e agradável a Deus, que é o vosso culto racional. E não vos conformeis com este século, mas

JESUS HEADHUNTER

transformai-vos pela renovação da vossa mente, para que experimenteis qual seja a boa, agradável e perfeita vontade de Deus (Rm 12:1-2).

Fica claro que indivíduos que adotam atitudes que derivam de uma experiência de consagração das faculdades físicas, mentais e espirituais tendem a exercitar valores mais elevados. É muito mais provável que o comportamento seja adequado em qualquer ambiente de interação social, inclusive no ambiente corporativo. Cada dia mais tem se tornado evidente como o envolvimento religioso/espiritual (independentemente dos seus conceitos diferenciados) pode influenciar positivamente os colaboradores na busca por melhores resultados no trabalho. Algumas organizações vêm se posicionando no sentido de permitir e até mesmo estimular a presença desse elemento. Logo, existe lugar para a religiosidade e espiritualidade no trabalho, e o profissional que valer-se desse "diferencial competitivo" certamente será empurrado para cima no *ranking* dos mais bem-sucedidos na carreira.

É bem verdade que os conceitos de religiosidade e espiritualidade diferem entre si. Para Kristin Larson, deve-se diferenciar a religiosidade da espiritualidade. A primeira abrange basicamente as crenças do sujeito; já a segunda extrapola o sujeito e é estabelecida na sua relação com os demais, com a natureza e, principalmente, com Deus.[93] Segundo Paulo Dalgalarrondo (mestre em Saúde Mental e doutor em Psiquiatria), "de modo geral, religiosidade e espiritualidade seriam dimensões mais amplas e mais independentes de denominações e formas institucionalizadas específicas de religião".[94] De acordo com Carol Cannon, "a religião pode ser uma parte da espiritualidade, mas não é um sinônimo dela".[95]

Mas, embora tais premissas sejam tidas como corretas, as pessoas religiosas também conseguem expressar sua espiritualidade por meio da religião, isto é, ainda que a espiritualidade não seja monopólio da religião, é possível desenvolvê-la por intermédio da prática religiosa. Quando a religiosidade não se traduz somente como religião institucional, mas confere oportunidade de espiritualidade para o participante, ela é saudável.

O psiquiatra e cientista do comportamento Harold G. Koenig, depois de um apurado estudo sobre os trabalhos relacionados à saúde e religião, concluiu que a "evidência se acumula em apoio da visão de que o compromisso religioso maduro e dedicado sob a forma de crenças e atividades baseadas na tradição judaico-cristã está relacionado ao maior bem-estar e menores níveis de depressão e ansiedade". [96]

O Prof. José Emilio Menegatti (MBA em Gestão Empresarial), no artigo "Espiritualidade nas empresas", relata:

O psicólogo pesquisador Lewis Andrews, após dez anos estudando a ligação entre espiritualidade e saúde mental, concluiu que as pessoas que acreditam em Deus e adotam valores espirituais muito fortes são mais felizes, mais sadias e, na maioria dos casos, mais interessadas intelectualmente do que as pessoas que não o fazem, pois a saúde espiritual equipara-se à saúde mental e/ou emocional.[97]

Visar ao crescimento profissional requer familiarizar-se mais com a espiritualidade, tendo em vista que hoje em dia já existem empresas que valorizam tais profissionais, acreditando que possuem mecanismos sólidos em prol do bem-estar pessoal e, consequentemente, da empresa. Não se pode alienar o lado espiritual como se este fosse desconectado do lado profissional. "Ter gente com compromisso que transcende o 'fazer por fazer' é muito melhor!"[98]

O problema é que o grande número de religiões acaba gerando um grande crescimento de erros doutrinários e distorções de textos da Bíblia. É como digitar uma palavra num site de pesquisa na internet e, em questão de segundos, aparecerem milhões de resultados sobre o assunto pesquisado. A abundância de conteúdo, principalmente *on-line*, é um dos fatores que torna uma pesquisa bem elaborada um verdadeiro desafio. O excesso de informação disponível não permite a assimilação daquilo que se quer aprender, provocando ainda mais desinformação e conhecimento errôneo.

Muitas pessoas acabam sendo "induzidas" a seguir essa ou aquela religião talvez pelo tradicionalismo da família e/ou pela falta de contato mais profundo com a Bíblia. Existem também aqueles que desenvolveram uma religiosidade que gera mais "calor emocional", mas menos conhecimento de Deus, o que os leva à insatisfação após momentos de "êxtase". Ainda não encontraram algo que traga satisfação porque não se identificaram na sua crença. Sendo assim, atender o desafio de cultivar um programa de oração e estudo da Bíblia com maior intensidade e fazer disso um hábito diário tende a produzir uma genuína espiritualidade.

Jesus disse em certa ocasião: "E conhecereis a verdade, e a verdade vos libertará" (Jo 8:32); e em Sua oração sacerdotal Ele rogou ao Pai: "Santifica-os na verdade; a tua palavra é a verdade" (Jo 17:17). Portanto, o conhecimento abarcado pela experiência ou vivência da verdade, mais do que apenas o conhecimento intelectual, proporciona uma ação libertadora e santificadora na vida das pessoas. Além disso, ler e estudar a Palavra de Deus (Bíblia) faz com que o leitor adquira conhecimentos de assuntos que levam à compreensão das atitudes das pessoas nos tempos atuais, pois a Bíblia está cheia de relatos que trazem lições preciosas para o bom relacionamento interpessoal e a resolução de conflitos. "A Palavra de Deus está repleta de princípios gerais para a formação de hábitos corretos de vida, e os testemunhos, tanto gerais como individuais, visam chamar a sua atenção particularmente para esses princípios."[99] "A Palavra de Deus é suficiente para iluminar o espírito mais obscurecido e pode ser compreendida de todo o que sinceramente deseja entendê-la."[100]

O código divino promove a ética profissional

Não é raro hoje em dia as diferentes profissões terem seus códigos de ética, o que é comum também para as empresas que adotam códigos de conduta corporativa. Segundo as Profas. Maria do Carmo Whitaker e Maria Cecilia Coutinho de Arruda, o código de ética é:

Um instrumento de realização dos princípios, visão e missão da empresa. Serve para orientar as ações de seus colaboradores e explicitar a postura social da empresa em face dos diferentes públicos com os quais interage. É da máxima importância que seu conteúdo seja refletido nas atitudes das pessoas a que se dirige e encontre respaldo na alta administração da empresa, que tanto quanto o último empregado contratado tem a responsabilidade de vivenciá-lo.[101]

ALCIDES FERRI

Para Antoniony de Aquino Côrtes (graduado em Direito pelo Unasp):

Assim como ocorre na ética profissional, que estabelece códigos de ética formal, a ética cristã estabelece seu código moral regulado nas Sagradas Escrituras. [...] a ética cristã nos apresenta normas comportamentais inescapáveis. Tais normas são imprescindíveis caso a pessoa queira ter uma bússola para as decisões, tanto na sua vida particular como em sua vida profissional. Os mandamentos colocados por Deus são os alicerces necessários para que o ser humano tenha padrões éticos num mundo onde valores tem se tornado algo escasso. Os valores ainda existentes têm sido corrompidos a cada momento por uma sociedade onde impera o relativismo, dessa forma, é necessário nos pautarmos por um fundamento absoluto, sendo o fundamento cristão uma proposta eficiente.[102]

Certa vez realizei algumas palestras para uma rede de imobiliárias. Dias antes, na tentativa de alinhar os temas às necessidades do cliente, conversei com o contratante a fim de saber o que ele gostaria que eu abordasse. Dentre os pontos sinalizados, pediu para que fosse pontuado sobre a importância dos participantes seguirem o código de ética profissional dos corretores de imóveis, pois estavam ocorrendo muitas reclamações por parte dos clientes em relação à conduta inadequada de alguns corretores.

Posteriormente, quando finalizei o trabalho de palestras com foco em desenvolvimento de equipes, notei que, muito além do desprestígio pelo código de ética da categoria, estava o desprestígio por algo mais elevado, o código divino – os Dez Mandamentos (Decálogo – Êx 20:3-17), por parte de alguns profissionais. Fiquei me perguntando: se tais pessoas não valorizam um conjunto de orientações e princípios que Deus deu e que, se cumpridos, abrem caminho para muitas bênçãos e promessas, como reconhecerão um conjunto de regras que o homem instituiu?

Os Dez Mandamentos dão instruções diretas para orientar nosso comportamento em diversas áreas da vida. Assim sendo, a perda desse referencial tem provocado um estado de anomia não só com aquilo que Deus deu, mas também com todas as demais regras esta-

JESUS HEADHUNTER

belecidas pelos homens, como códigos de ética profissional, códigos de conduta corporativa, regras de trânsito, etc.

No livro *Os dez mandamentos: princípios divinos para melhorar seus relacionamentos*, o autor Loron Wade esclarece:

Como uma fonte a jorrar com sabedoria prática, eles [os Dez Mandamentos] oferecem soluções em tempo real para problemas e situações reais com os quais todos nós lidamos a cada dia. São princípios que têm aplicação racional na vida diária de cada um. E a sua comprovação está na sua aplicação. Nos Estados Unidos, há um jeito antigo de dizer isso: "A prova do pudim é quando você o come." Ao testar esses princípios na sua vida e torná-los parte do seu mundo, você saberá, com certeza, que eles continuam sendo válidos, porque os resultados serão imediatos e profundamente satisfatórios.[103]

Demissão: olhar para cima

Atualmente, os profissionais trocam de emprego numa velocidade muito grande, de forma bem diferente daqueles de alguns anos atrás, os quais praticamente completavam toda a trajetória profissional numa mesma organização ou local.

O sociólogo Richard Sennett explica:

"Carreira" [...] significava originalmente, na língua inglesa, uma estrada para carruagens, e, como acabou sendo aplicada ao trabalho, um canal para as atividades econômicas de alguém durante a vida inteira. O capitalismo flexível bloqueou a estrada reta da carreira, desviando de repente os empregados de um tipo de trabalho para outro. A palavra *job* [serviço, emprego], em inglês do século XIV, queria dizer um bloco ou parte de alguma coisa que se podia transportar numa carroça de um lado para o outro. A flexibilidade hoje traz de volta esse sentido arcano [misterioso] de *job*, na medida em que as pessoas fazem blocos, partes de trabalho, no curso de uma vida.[104]

Com o mundo do trabalho mais complexo, a carreira profissional se tornou mais fragmentada por conta das demissões. Mas nem sempre o desligamento se dá por iniciativa do profissional.

As demissões e/ou transferências ocorrem com grande frequência por iniciativa das empresas.

Em relação às demissões, é sabido que existem profissionais que reagem de forma autodestrutiva e adotam um comportamento que acaba dificultando seu reposicionamento no mercado e, em certos casos, até comprometendo seriamente a trajetória profissional, principalmente quando a organização em que atuava não oferece nenhum programa de *outplacement* – uma solução profissional elaborada com o objetivo de conduzir os processos de demissão nas companhias, visando à recolocação profissional do demitido.

A perda do emprego é sempre desagradável e impactante. A demissão nos afeta em vários aspectos, principalmente no âmbito econômico. Sem contar que a autoestima declina, e a pessoa acaba mergulhada numa amargura que impede a busca de novas oportunidades. Nesse contexto, o que, muitas vezes, causa bloqueio naqueles que buscam uma recolocação profissional é a afetividade excessiva em relação ao emprego anterior. Ou seja, o apego demasiado ao trabalho, à equipe e ao empregador/lugar atrapalha o profissional de dar continuidade à carreira. Embora a afetividade seja uma emoção positiva, nesse caso, como é levada ao excesso, acaba sendo contraproducente, tornando-se uma emoção negativa e deletéria. O profissional precisa usar de suas competências adquiridas e reciclá-las a fim de dar um direcionamento a sua carreira, que precisa seguir adiante.[105] Para tanto, é necessário desarraigar-se da ocupação anterior e romper com o passado para que o processo de recolocação profissional se estabeleça com maior facilidade e sucesso.

É bem verdade que: "Nada temos que recear quanto ao futuro, a menos que esqueçamos a maneira em que o Senhor nos tem guiado, e os ensinos que nos ministrou no passado."[106] Ou seja, existe relevância em recapitular nossa história, mas quando tal atitude permite que nos lembremos de Deus e de Suas providências, para que não se instale a ansiedade quanto ao futuro. Caso contrário, ninguém consegue se concentrar no rumo para onde vai até se esquecer do passado e, ao fazê-lo, também não permanecer somente no presente. Em Filipenses 3:13, Paulo orienta como sair de onde se encontra e prosseguir para o que está adiante: "Esquecendo-me das coisas que para trás ficam e avançando para as que diante de mim estão." No caso de Paulo, ele foi um perseguidor da Igreja e precisou esquecer suas culpas passadas para mover-se para o futuro. Como? Não permitiu que o passado o influenciasse mais, e sim que Jesus controlasse sua vida e direção.

Seja qual for a nossa condição, vitimados por contingências alheias ao nosso controle ou por deliberação própria, para que haja reestruturação mental e senso de direção, é preciso, além de uma orientação especializada, uma força maior acima e externa a nós mesmos: Jesus. O contato e relacionamento com Ele, por meio da oração e do estudo de Sua Palavra, leva-nos a uma experiência transcendente capaz de minimizar os efeitos paralisantes e sentimentos negativos oriundos de uma circunstância vivenciada anteriormente.

Transferências: confiar na soberania de Deus

No que tange às transferências impostas por muitas organizações, que implicam mudanças para os profissionais, de localidade e/ou de atividade, é comum observarmos que muitos ficam apreensivos e sofrem uma carga elevada de estresse diante de alterações de natureza real ou imaginária. Em decorrência de períodos finalizados, "a dança das cadeiras" afeta o clima organizacional, o que é até previsível dentro da cultura organizacional, por conta da possível rotatividade. Todos os envolvidos de uma forma direta ou indireta podem apresentar algum tipo de reação ou desconforto. Em relação à família, por exemplo, nem sempre os integrantes estão 100% flexíveis para uma mobilidade geográfica.

Aqueles que ocupam posições de responsabilidade e liderança são remanejados mais frequentemente em tais organizações. Porém, ao considerar que a adaptação e o processo de mudança poderão ser difíceis, o profissional nem sempre está disposto a ser transferido para outro lugar de serviço e/ou a mudar de linha de serviço, o que poderá gerar conflitos. Sendo assim, quando existe uma opção de escolha, devem-se considerar as reais motivações para a mudança. Há boas e válidas motivações tanto para a mudança, como para a não mudança. Nesse viés, o diálogo entre empregador e empregado determinará um consenso que contemplará as expectativas de ambas as partes, mas o profissional tem o direito de expressar suas preferências.

Quando não existe uma opção de escolha e requer-se a transferência ou a situação força-o a fazê-la, o profissional precisa entender que a relutância em permanecer no mesmo lugar poderá minimizar as chances de crescimento, levando-o à estagnação profissional, ou até mesmo custar o seu emprego. Nesse contexto, é preciso aceitar que ocasionalmente ficamos à mercê das situações, e nossa trajetória é definida por outras pessoas. Apenas a confiança de que tudo está no controle de Deus pode proporcionar serenidade, entendimento e propósito diante das situações. "Sabemos que todas as coisas cooperam para o bem daqueles que amam a Deus, daqueles que são chamados segundo o seu propósito" (Rm 8:28).

Sustentabilidade na carreira

Sabe-se que, hoje em dia, um dos maiores desafios do trabalhador é manter a empregabilidade. E, uma vez empregado, é também fundamental manter a promotabilidade. A ascensão vertical dá-se pela possibilidade de assumir cargos de maior nível. A ascensão horizontal ocorre quando existe mudança para cargos de níveis equivalentes, mas com características capazes de agregar valor à função desempenhada. Quando a empresa contempla o desejo das pessoas por desenvolvimento profissional, por meio da ascensão vertical ou horizontal, gera progresso na carreira e, consequentemente, um bom clima organizacional.

Para alcançar o objetivo proposto, isto é, manter-se empregável e apto a ser promovido e assim atingir sustentabilidade na carreira, o profissional precisa manter sua competitividade com o máximo de potencial. É necessário apresentar-se melhor que os concorrentes, isso determina quem se sobressai. Logo, a competitividade está atrelada à capacidade de vencer a concorrência. Ou seja, quando o profissional busca desenvolver suas competências, automaticamente aquela forma nociva de competitividade que usa as pessoas como degraus é eliminada e abre lugar para uma competitividade saudável, que contribuirá na busca de resultados mantendo boas relações interpessoais. Assim, o profissional será visto com bons olhos por todos.

Pensando nisso, não é mais cabível que somente as empresas se preocupem com a carreira do colaborador. Crescer profissionalmente de forma concreta e duradoura inclui a necessidade de o profissional manter-se sempre atualizado e investir no seu desenvolvimento, com a finalidade de estar alinhado às necessidades da empresa em que atua. Só assim o conceito de sustentabilidade na carreira será realizado, proporcionando equilíbrio e perenidade na trajetória profissional.

Sustentabilidade na fé

Um dos conceitos que prolifera no mundo religioso hoje em dia é a afirmação de que, uma vez salvo, salvo para sempre. No entanto, ninguém pode assegurar que tal prerrogativa é um salvo-conduto para o Céu, pois Jesus disse:

Eu sou a videira verdadeira, e meu Pai é o agricultor. Todo ramo que, estando em mim, não der fruto, ele o corta; e todo o que dá fruto limpa, para que produza mais fruto ainda. Se alguém não permanecer em mim, será lançado fora, à semelhança do ramo, e secará; e o apanham, lançam no fogo e o queimam (Jo 15:1-2, 6).

É bem verdade que a predestinação bíblica afirma que todos foram escolhidos para ser salvos. Em Efésios 1:4-5, lemos: "Assim como nos escolheu, nele, antes da fundação do mundo, para sermos santos e irrepreensíveis perante ele; e em amor nos predestinou para ele, para a adoção de filhos, por meio de Jesus Cristo, segundo o beneplácito de sua vontade." Porém, tal predestinação não é, por parte de Deus, uma eleição arbitrária. Deus nos deu o livre-arbítrio, e podemos escolher se queremos ser salvos ou condenados. Ser predestinado à salvação nada mais é do que exercer nosso poder de escolha e optar pela oferta gratuita de Deus.

ALCIDES FERRI

A salvação nos foi franqueada por intermédio de Jesus. Ela é concedida sem distinção e de graça a todos, mas, para que ocorra a permanência num estado de salvação e para que produza efeito diário, o homem, após tê-la recebido por meio da fé, deve continuar a crer e a obedecer. Essa condição nos alerta sobre a necessidade de sairmos da comodidade. Está em nossas mãos definir o nosso futuro eterno. Para tanto, é preciso não se deixar levar pelo sofisma de que, uma vez salvo, salvo para sempre. Podemos até não crer em tal sofisma, mas, se negligenciarmos o desenvolvimento espiritual, incorreremos no mesmo erro.

Espera-se daquele que professa estar em Cristo que dê frutos que correspondam a sua profissão de fé, caso contrário faz-se necessário cortar os ramos infrutíferos. A negligência, caracterizada pela falta de seguir e obedecer a Palavra de Deus, leva à condenação. Cabe buscar preparo e aprimoramento na vida espiritual por meio de um constante relacionamento com Cristo, para que os resultados sejam frutíferos.

CAPÍTULO 11

Quando, onde e com quem tudo começou?

Considerando que boa parte deste livro visa esclarecer a simulação e dissimulação presentes em muitas pessoas e ensinar a lidar com ela, é importante saber a origem de tais artifícios. Do livro de Torquato Accetto, da literatura italiana, é possível extrair a máxima: "A dissimulação é a habilidade de não fazer ver as coisas como são. Simula-se aquilo que não é, dissimula-se aquilo que é."[107]

A Bíblia oferece evidências sobre quem, desde muito tempo atrás, instituiu a dissimulação com o objetivo de suprimir a real aparência dos fatos e enganar aqueles que são alvo de seus artifícios. Para uma compreensão mais acurada, o livro *Nisto cremos*, editado pela Casa Publicadora Brasileira, confirma e esclarece o que a Bíblia já ensina:

Utilizando os reis de Tiro [Ez 28] e de Babilônia [Is 14] como descrições figurativas de Lúcifer, as Escrituras proveem vislumbres de como a controvérsia cósmica se iniciou. "Lúcifer, filho da alva", ungido como querubim cobridor, residia na presença de Deus (Is 14:12; Ez 28:14). Dizem as Escrituras: "Tu és o sinete da perfeição, cheio de sabedoria e formosura. (...) Perfeito eras nos teus caminhos, desde o dia em que foste criado até que se achou iniquidade em ti" (Ez 28:12-15). Embora o surgimento do pecado seja inexplicável e injustificável, suas raízes podem ser encontradas no orgulho de Lúcifer: "Elevou-se o teu coração por causa da tua formosura, corrompeste a tua sabedoria por causa de teu resplendor" (Ez 28:17). Lúcifer recusou-se a permanecer contente com sua exaltada posição, recebida do Criador. Em seu egoísmo, cobiçou a igualdade com o próprio Deus: "Tu dizias no teu coração: Eu subirei ao Céu, e, acima das estrelas de Deus, exaltarei o meu trono, e, no monte da congregação, me assentarei. (...) Serei semelhante ao Altíssimo" (Is 14:12-14). Contudo, embora ele desejasse a posição de Deus, não almejava o Seu caráter. Ansiava possuir a autoridade de Deus, mas não o Seu amor. A rebelião de Lúcifer contra o governo de Deus foi o primeiro passo em sua transformação em Satanás, "o adversário". As dissimuladas ações de Lúcifer cegaram muitos dos anjos ao amor de Deus. O descontentamento e deslealdade resultantes – em relação ao governo divino – cresceram até que uma terça parte dos anjos se uniu a ele em rebelião (Ap 12:4). A tranquilidade do reino de Deus foi perturbada e "houve batalha no Céu" (Ap 12:7). O estado de beligerância celestial resultou em que Satanás – retratado como o grande dragão, a antiga serpente e o demônio – fosse lançado para a Terra, e junto com ele os seus anjos rebeldes (Ap 12:9).[108]

No primeiro momento em que Satanás se rebelou, Deus poderia tê-lo destruído. Porém, Satanás agia com aparência de zelo e alegava que as leis de Deus eram injustas. Ellen White afirma que:

Os anjos não perceberam, nem mesmo aí, tudo quanto se achava envolvido no grande conflito. Os princípios em jogo deviam ser mais plenamente revelados. E, por amor do homem, devia continuar a existência de Satanás. O homem, bem como os anjos, devia ver o contraste entre o Príncipe da Luz e o das trevas. Cumpria-lhes escolher a quem servir.[109]

Tendo sido expulso do Céu, Satanás espalhou sua rebelião aqui em nosso mundo. Conforme a Bíblia relata:

JESUS HEADHUNTER

Tomou, pois, o Senhor Deus ao homem e o colocou no jardim do Éden para o cultivar e o guardar. E o Senhor Deus lhe deu esta ordem: De toda árvore do jardim comerás livremente, mas da árvore do conhecimento do bem e do mal não comerás; porque, no dia em que dela comeres, certamente morrerás (Gn 2:15-17).

Mas a serpente, mais sagaz que todos os animais selváticos que o Senhor Deus tinha feito, disse à mulher: É assim que Deus disse: Não comereis de toda árvore do jardim? Respondeu-lhe a mulher: Do fruto das árvores do jardim podemos comer, mas do fruto da árvore que está no meio do jardim, disse Deus: Dele não comereis, nem tocareis nele, para que não morrais. Então, a serpente disse à mulher: É certo que não morrereis. Porque Deus sabe que no dia em que dele comerdes se vos abrirão os olhos e, como Deus, sereis conhecedores do bem e do mal. Vendo a mulher que a árvore era boa para se comer, agradável aos olhos e árvore desejável para dar entendimento, tomou-lhe do fruto e comeu e deu também ao marido, e ele comeu. Abriram-se, então, os olhos de ambos; e, percebendo que estavam nus, coseram folhas de figueira e fizeram cintas para si. Quando ouviram a voz do Senhor Deus, que andava no jardim pela viração do dia, esconderam-se da presença do Senhor Deus, o homem e sua mulher, por entre as árvores do jardim. E chamou o Senhor Deus ao homem e lhe perguntou: Onde estás? Ele respondeu: Ouvi a tua voz no jardim, e, porque estava nu, tive medo, e me escondi. Perguntou-lhe Deus: Quem te fez saber que estavas nu? Comeste da árvore de que te ordenei que não comesses? Então, disse o homem: A mulher que me deste por esposa, ela me deu da árvore, e eu comi. Disse o Senhor Deus à mulher: Que é isso que fizeste? Respondeu a mulher: A serpente me enganou, e eu comi (Gn 3:1-13).

Satanás, incorporado na serpente, conversou com Eva. A serpente não tinha poder para falar, mas Satanás a usou como médium com a intenção de realizar a sua obra sem que fosse percebido.

Ao tornar-se o intermediário do adversário decaído, a serpente se aproximou de Eva e colocou em dúvida a orientação de Deus, dando a entender que Ele estava retendo dela algo de bom e que a instrução dada pelo Criador era sem sentido. O engodo do inimigo, por meio de uma emboscada, era mostrar Deus para Eva como um opressor que estava tirando vantagem. Porém, a obra de mentira promovida pelo destruidor e acatada por Eva surtiu efeitos funestos para a raça humana.

Ellen White diz que: "Tal tem sido a obra de Satanás desde os dias de Adão até o presente, e com a mesma tem ele prosseguido com grande êxito. Ele tenta os homens a desconfiar do amor de Deus e a duvidar de Sua sabedoria."[110]

Ainda, segundo a autora:

Satanás fez parecer ao santo par [Adão e Eva] que eles ganhariam violando a lei de Deus. Não ouvimos hoje idêntico raciocínio? Muitos falam da estreiteza daqueles que obedecem aos mandamentos de Deus, enquanto afirmam eles ter ideias mais amplas, e [desfrutar] de maior liberdade. O que é isto senão um eco da voz do Éden: "No dia em que dele comerdes", isto é, transgredirdes a ordem divina, "sereis como Deus"? [Gn 3:5] [111]

Eva pensou ter capacidade própria para decidir entre o certo e o errado, mas com isso se deu mal. Quando independentes de Deus, os seres humanos perdem o senso crítico, que é a faculdade de apreciar e julgar com ponderação e inteligência, e por isso, muitas vezes, acabam metidos em situações adversas. Infelizmente, conforme leremos a seguir, não são poucos que, ainda hoje, corroboram com o mesmo intento do arqui-inimigo de Deus e de toda raça humana. Protagonistas destituídos de competências de caráter, comumente, em seus postos de atuação, utilizam-se do engodo e da hipocrisia para se favorecer.

Engodo 1:

A empresa dava plena autonomia para o colaborador montar o seu itinerário segundo as necessidades de seu departamento. Autorizava a utilização do veículo do colaborador para o desempenho de suas atividades (viagens) e, em contrapartida, baseado nos quilômetros rodados, pagava uma ajuda que cobria a depreciação do veículo, o custo do combustível, óleo, pneus e despesas de manutenção. Além do que, a empresa fazia o pagamento integral do seguro do automóvel.

JESUS HEADHUNTER

"Preciso viajar, pois preciso ganhar dinheiro", foram as palavras de um colaborador da referida empresa. Ele estava se reportando à "estratégia" de ganhar dinheiro por meio de quilometragem rodada, com o alvo de atender o seu *budget* — orçamento — pessoal. A estratégia implícita, segundo o colaborador, seria arranjar alguma viagem para fazer no sentido de atender outra unidade de negócio em diferente região da empresa em que ele atuava e assim se deslocar em prol de seu departamento/área. Porém, a motivação era espúria, com o objetivo de apenas angariar um acréscimo importante em seus proventos. Era evidente que algumas das viagens realizadas por esse colaborador eram arranjadas, sem que houvesse realmente a necessidade de que fossem feitas.

Ele representa muitos daqueles que se servem de sua autonomia e da falta de mecanismos mais contundentes que inibam sua ação mercenária. Curiosamente, muitas vezes isso prospera em ambientes que deveriam ser os mais avessos a tais ocorrências.

Engodo 2:

Por causa da baixa operacionalidade no seu segmento de atuação, uma transportadora fechou as portas numa determinada região. Waldir,[112] de 44 anos, foi demitido, pois não apresentou nenhuma disponibilidade de mobilidade geográfica quando a empresa deu a opção de ele ser transferido para outra unidade em diferente região.

Waldir havia trabalhado duas décadas na transportadora e, pela comodidade da posição, nunca se preocupou em ampliar suas qualidades como profissional. Quando ocorreu o desligamento, num primeiro momento ele ficou tranquilo, mas com o passar do tempo começou a se preocupar ao perceber que estava distante dos desafios exigidos pelo mercado de trabalho.

A partir daí, em vez de buscar alguma alternativa na tentativa de se qualificar melhor para a obtenção de uma recolocação profissional, ele preferiu usar de um estratagema para lograr êxito no sentido de conseguir um recurso financeiro mensal. Simulando um quadro depressivo, passou a levar, periodicamente, atestados médicos aos peritos da previdência social. Conseguiu ser afastado por um tempo até que se aposentou por invalidez.

ALCIDES FERRI

Waldir era um indivíduo que agia de maneira dissimulada. Todas as vezes em que comparecia à perícia médica, deixava a barba cerrada, o cabelo desgrenhado e as roupas meio sujas e agia com falsidade, passando-se até por "demente" para se dar bem.

Posteriormente, alguns disseram que Waldir se "arrependeu" do que fez, pois dizia que o ganho mensal não era tão alto e, se tivesse dado continuidade à sua trajetória profissional, aceitando ser transferido para outra unidade de negócio quando deram a opção, teria obtido maior satisfação e um ganho maior. Porém sabe-se que pela comodidade da situação ele nunca fez nada para mudar e continuou se beneficiando, preferindo uma atitude inescrupulosa para consigo mesmo e para com a sociedade.

Falta de inteligência moral

Abordando o tema "Carreira executiva: o poder da inteligência moral", o consultor de carreiras Gutemberg B. de Macedo escreve:

Advogados de prestígio são acusados de lavagem de dinheiro, algemados em luxuosos escritórios e conduzidos à prisão. Empresários de diferentes setores da economia, acusados de sonegação fiscal, formação de quadrilha e outros crimes, são surpreendidos pela polícia federal, detidos, aprisionados e expostos à nação como exemplos do capitalismo selvagem. Estudantes, acusados de acesso fraudulento a resultados de exames de concursos públicos, são algemados, conduzidos a delegacias policiais e expostos em cadeia de televisão. Executivos, sob a alegação de conduta moralmente indefensável e incompatível com os valores das organizações a que serviam, são sumariamente demitidos. Juízes, sob a acusação de venda de sentenças judiciais, são presos e execrados perante a opinião pública como perigosos bandidos de toga. Políticos de todas as esferas governamentais – municipal, estadual e federal –, acusados de enriquecimento ilícito, corrupção ativa e passiva, são execrados publicamente e banidos do exercício de seu mandato. Líderes religiosos, que em nome de Deus praticam verdadeiro estelionato espiritual, são acusados de sonegação de impostos, remessas de dólares para o exterior e enriquecimento ilícito; entre milhares de outros exemplos.[113]

JESUS HEADHUNTER

Macedo deixa claro que o mais intrigante em todos esses casos é que seus protagonistas, em geral, são possuidores de um conjunto de competências que os qualificam e os recomendam. No entanto, tais competências, destituídas de inteligência moral (responsabilidade, integridade, compreensão, amor, compaixão, justiça, etc.), são insuficientes para manter profissionais de vanguarda no topo de sua carreira.

Diante do exposto, percebe-se a existência de pessoas dissimuladas, em tempo real, em muitos cenários do cotidiano, ou seja, apresentam-se nas mais diversas relações onde pessoas interagem através de um convívio social ou profissional. O que algumas pessoas aparentam não representa necessariamente aquilo que são. Por isso a importância de uma observância maior será sempre útil, antes de qualquer atitude mais profunda para um convívio ou vínculo mais contundente, no intuito de não sermos pegos de surpresa por tais pessoas oportunistas que nos parecem uma coisa, mas em outro momento revelam-se ardilosas.

Principalmente no âmbito profissional, muitos se mostram possuidores de credenciais com o objetivo de ser escolhidos num processo seletivo. Outros, já dentro do ambiente corporativo, também apresentam certas características na busca de uma promoção. É importante, de forma antecipada, uma investigação esmerada no sentido de observar se de fato existem os requisitos fundamentais de legitimação que habilitam à empregabilidade e à promotabilidade.

Abraham Lincoln disse: "Podeis enganar toda a gente durante certo tempo; podeis mesmo enganar algumas pessoas todo o tempo; mas não vos será possível enganar sempre toda a gente." A maioria das pessoas que conhece a Deus sabe que é impossível esconder dEle qualquer coisa. Pois até os cabelos de nossa cabeça são contados (Mt 10:30), não podemos enganá-Lo sobre nossos atos. Deus sonda os motivos, conforme adverte Ellen White:

Muitos há que recebem aplausos por virtudes que não possuem. O Esquadrinhador [Deus] dos corações inspeciona os motivos, e muitas vezes os próprios atos que são vivamente aplaudidos pelos homens são por Ele registrados como provindo de motivos egoístas e vil hipocrisia.[114]

Não permita jamais que o arqui-inimigo de Deus utilize você como um instrumento, assim como ele se serviu da serpente como um "canal" para envolver o ser humano no grande conflito entre o bem e o mal. Para tanto, estabeleça uma comunhão diária com Deus, por meio da oração e do estudo da Bíblia.

Paulo manifestou seu receio dizendo: "Mas receio que, assim como a serpente enganou a Eva com a sua astúcia, assim também seja corrompida a vossa mente e se aparte da simplicidade e pureza devidas a Cristo" (2Co 11:3). Mentiras, disfarces e enganos fazem parte da vida de muitas pessoas, mas precisamos ser diferentes. Devemos imitar Deus, e Ele jamais mente (Ef 5:1; Hb 6:18). "Por isso, deixando a mentira, fale cada um a verdade com o seu próximo, porque somos membros uns dos outros" (Ef 4:25). Jamais devemos seguir o "pai da mentira", que é o diabo (Jo 8:44).

CAPÍTULO 12

Processo seletivo celestial

A parábola contada por Jesus dos convidados à ceia de casamento nos dá um vislumbre do processo seletivo celestial:

De novo, entrou Jesus a falar por parábolas, dizendo-lhes: O reino dos céus é semelhante a um rei que celebrou as bodas de seu filho. Então, enviou os seus servos a chamar os convidados para as bodas; mas estes não quiseram vir. Enviou ainda outros servos, com esta ordem: Dizei aos convidados: Eis que já preparei o meu banquete; os meus bois e cevados já foram abatidos, e tudo está pronto; vinde para as bodas. Eles, porém, não se importaram e se foram, um para o seu campo, outro para o seu negócio; e os outros, agarrando os servos, os maltrataram e mataram. O rei ficou irado e, enviando as suas tropas, exterminou aqueles assassinos e lhes incendiou a cidade. Então, disse aos seus servos: Está pronta a festa, mas os convidados não eram dignos. Ide, pois, para as encruzilhadas dos caminhos e convidai para as bodas a quantos encontrardes. E, saindo aqueles servos pelas estradas, reuniram todos os que encontraram, maus e bons; e a sala do banquete ficou repleta de convidados. Entrando, porém, o rei para ver os que estavam à mesa, notou ali um homem que não trazia veste nupcial e perguntou-lhe: Amigo, como entraste aqui sem veste nupcial? E ele emudeceu. Então, ordenou o rei aos serventes: Amarrai-o de pés e mãos e lançai-o para fora, nas trevas; ali haverá choro e ranger de dentes. Porque muitos são chamados, mas poucos, escolhidos (Mt 22:1-14).

No livro *Parábolas de Jesus*, Ellen White oferece uma interpretação para a parábola das bodas:

O convite para o banquete foi transmitido pelos discípulos de Cristo. Nosso Senhor enviou os 12, e depois os 70, proclamando que era chegado o Reino de Deus e convidando os homens a arrependerem-se e crerem no Evangelho. O convite não foi atendido, porém. Os convidados para irem à festa não compareceram. Mais tarde os servos foram enviados com a mensagem: "Eis que tenho o meu jantar preparado, os meus bois e cevados já mortos, e tudo já pronto; vinde às bodas" (Mt 22:4). Esta foi a mensagem levada à nação judaica depois da crucifixão de Cristo; mas a nação que se arrogava de ser o povo peculiar de Deus rejeitou o Evangelho a eles levado no poder do Espírito Santo. Muitos fizeram isso da maneira mais insolente. Outros ficaram tão exasperados com o oferecimento da salvação e perdão por terem rejeitado o Senhor da glória que se voltaram contra os mensageiros. Houve "uma grande perseguição" (At 8:1). Muitos homens e mulheres foram lançados na prisão, e alguns dos portadores da mensagem do Senhor, como Estêvão e Tiago, foram mortos. Assim o povo judeu selou sua rejeição da misericórdia de Deus. [O povo foi rejeitado como nação escolhida, mas como indivíduos não perderam o direito à salvação.] O resultado foi predito por Cristo na parábola. O rei enviou "os seus exércitos, destruiu aqueles homicidas, e incendiou a sua cidade" (Mt 22:7). O juízo pronunciado atingiu os judeus na destruição de Jerusalém e na dispersão do povo.

O terceiro convite para o banquete representa a pregação do Evangelho aos gentios. O rei disse: "As bodas, na verdade, estão preparadas, mas os convidados não eram dignos. Ide pois às saídas dos caminhos e convidai para as bodas a todos os que encontrardes" (Mt 22:8-9). Os servos do rei que foram pelos caminhos "ajuntaram todos quantos en-

JESUS HEADHUNTER

contraram, tanto maus como bons" (Mt 22:10). Era um grupo misto. Alguns deles não tinham maior respeito ao doador da ceia do que os que haviam rejeitado o convite. A classe primeiramente convidada não podia, como pensava, sacrificar os privilégios mundanos para comparecer ao banquete do rei. E entre os que aceitaram o convite havia muitos que pensavam somente em se beneficiar. Foram para partilhar das provisões do banquete, mas não tinham desejo de honrar ao rei.

Quando o rei entrou para ver os convidados, foi revelado o verdadeiro caráter de todos. A cada um foi provido um vestido de bodas. Essa veste era uma dádiva do rei. Usando-a, os convidados demonstravam respeito ao doador da festa. Um homem, porém, estava com seus trajes comuns. Recusara fazer a preparação exigida pelo rei. A veste provida para ele com grande custo desdenhou usar. Deste modo insultou seu senhor. À pergunta do rei: "Como entraste aqui, não tendo veste nupcial?" (Mt 22:12) nada pôde responder. Condenou-se a si mesmo. Então o rei disse: "Amarrai-o de pés e mãos, levai-o, e lançai-o nas trevas exteriores" (Mt 22:13).

O exame dos convidados pelo rei representa uma cena de julgamento. Os convivas à ceia do Evangelho são os que professam servir a Deus, cujos nomes estão escritos no livro da vida. Nem todos, porém, que professam ser cristãos são discípulos verdadeiros. Antes que seja dada a recompensa final, precisa ser decidido quem está apto para participar da herança dos justos. Essa decisão deve ser feita antes da segunda vinda de Cristo, nas nuvens do céu; porque, quando Ele vier, o galardão estará com Ele "para dar a cada um segundo a sua obra" (Ap. 22:12). Antes de Sua vinda o caráter da obra de cada um terá sido determinado, e a cada seguidor de Cristo o galardão será concedido segundo seus atos.[115]

Um processo seletivo pressupõe um julgamento prévio realizado pelo selecionador, com a participação do requisitante da vaga, no intuito de avaliar e escolher quem apresente o perfil desejado para ocupar algum cargo disponível pela organização. Baseando-se nisso, podemos traçar um paralelo com Jesus, no papel de Grande Selecionador, efetuando todas as fases de um processo de recrutamento e seleção. De início, Ele começou a atividade de recrutamento com o objetivo imediato de atrair candidatos. Optou, num primeiro momento, pelo recrutamento interno ao estender o convite aos judeus. Estes, porém, como nação, resistiram e não aceitaram o convite. Deus havia escolhido Israel. "Desejava que fosse como fonte de salvação para o mundo. O que Abraão fora na terra de sua peregrinação, o que fora José no Egito e Daniel nas cortes de Babilônia, devia ser o povo hebreu entre as nações. Cumpria-lhe revelar Deus aos homens."[116]

É sabido que o recrutamento interno proporciona oportunidades de ascensão profissional dentro da mesma organização. Jesus almejava que Seu povo, como conhecedores de Sua lei, símbolos e profecias, pudesse crescer como nação e assim ser um exemplo para o mundo. No entanto, está registrado em João 1:11: "Veio para o que era seu, e os seus não o receberam."

Israel, autopreterindo-se como nação eleita, mostrou-se desqualificada. Assim sendo, Jesus deu continuidade ao processo seletivo por meio do recrutamento externo. Com o propósito de atrair candidatos, Ele estendeu o convite aos gentios. Muitos destes candidataram-se para as vagas em aberto e estão diante do processo de seleção. Tendo em vista que todos os candidatos declararam estar aptos para as vagas, faz-se necessário um processo de separação. Ou seja, julgar e avaliar quem realmente está preparado e quem não está. O processo de seleção dos candidatos implica colher os dados para o preenchimento das vagas. Por isso, independentemente da qualificação ou não de cada um, todos têm seu nome escrito nos registros celestiais pelo fato de que todos aderiram à candidatura e professam ser filhos de Deus. Porém, antes que Jesus apresente a recompensa final com direito à tão sonhada admissão, todo nome é passado em revista perante o Requisitante (Deus) da vaga, e todos são minuciosamente examinados de conformidade com os registros celestiais, com o propósito de saber quem serão os escolhidos. É justamente aí que a necessidade de um preparo é indispensável. "Porque muitos são chamados, mas poucos, escolhidos" (Mt 22:14).

Por que julgar?

Quando foi expulso do Céu, Satanás arrastou a terça parte dos anjos, que caíram com ele (Ap 12:4). Isso significa que dois terços dos

JESUS HEADHUNTER

anjos permaneceram fiéis a Deus. O julgamento serve para vindicar o caráter de Deus perante as criaturas não caídas, uma vez que elucida qual foi o real propósito da rebelião de Satanás no Céu e seus desdobramentos na Terra. Ao mesmo tempo, o julgamento serve para avaliar a aptidão daqueles que se candidataram, pois aqueles que não se candidataram já se mostraram automaticamente inaptos para o processo seletivo. Os editores do livro *Nisto cremos*, fundamentados na Bíblia, esclarecem como se dá esse processo:

As criaturas não caídas de Deus não são seres oniscientes; não conseguem ler os corações. Assim se faz necessário um julgamento – antes da segunda vinda de Cristo – a fim de separar o verdadeiro do falso e para demonstrar ao Universo expectante a justiça de Deus em salvar o crente sincero. [...] É necessária a abertura dos livros de registro, a exposição daqueles que professam fé e cujos nomes foram anotados no livro da vida.

Os seres humanos pertencem a uma dentre três classes: (1) os ímpios, que rejeitam a autoridade de Deus; (2) crentes genuínos, que, mediante a confiança nos méritos de Cristo pela fé, vivem em obediência à lei de Deus; e (3) aqueles que parecem ser cristãos genuínos, mas não o são.

Os seres não caídos conseguem discernir facilmente a primeira dessas categorias. Mas quem é um crente genuíno e quem não o é? Ambos os grupos têm seu nome escrito no livro da vida, o qual contém o nome de todos os que alguma vez entraram no serviço de Deus (Lc 10:20; Fp 4:3; Dn 12:1; Ap 21:27). A própria Igreja tem em suas fileiras crentes genuínos e crentes falsos, o trigo junto com o joio (Mt 13:28-30).

Cristo retratou esse julgamento através da parábola dos convidados à ceia de casamento que respondem ao generoso convite do Evangelho. Pelo fato de que nem todos que decidem ser cristãos são efetivamente genuínos discípulos, o rei reconhece a necessidade de inspecionar os convidados e ver quem possui os trajes nupciais. Pela veste nupcial da parábola é representado o caráter puro e imaculado, que os verdadeiros seguidores de Cristo possuirão. Foi dado à Igreja "que se vestisse de linho fino, puro e resplandecente", "sem mácula, nem ruga, nem coisa semelhante" (Ap 19:8; Ef 5:27). O linho fino, diz a Escritura, "é a justiça dos santos" (Ap 19:8). A justiça de Cristo, Seu próprio caráter imaculado, é, pela fé, comunicada a todos os que O aceitam como Salvador pessoal.[117]

Quando o rei inspecionar os convidados, somente aqueles que estiverem vestidos das vestimentas da justiça de Cristo, tão graciosamente oferecidas no convite evangélico, serão aceitos como genuínos crentes. Aqueles que professam ser seguidores de Deus, mas vivem em desobediência e não estão cobertos pela justiça de Cristo serão apagados do livro da vida (veja Êx 32:33).[118]

Saber jogar com as aparências é um jeito de muitas pessoas tentarem obter vantagens e/ou mascarar quem são realmente, assumindo uma conduta disfarçada e aparentemente viável ou satisfatória. Conquanto por um motivo errado, a manifestação de um comportamento aparentemente certo pode legitimar determinadas pessoas diante de outras, mas não sob os olhos de Deus. Por isso, o grande benefício de um julgamento é esclarecer o que realmente está por trás de um comportamento, ainda que este possa parecer adequado aos padrões de boa conduta.

Técnicas que Jesus utiliza para selecionar

Jesus julga de posse dos registros celestiais (*curriculum vitae*) de cada candidato. Na dinâmica da vida, todos nós vivenciamos provas situacionais que nos colocam em condições de evidenciar quem somos perante o Grande *Headhunter* Jesus. Ao longo do processo, todos somos submetidos a testes e provas. A Bíblia enfatiza, no entanto, que não sobrevirá nenhuma prova maior que nossa capacidade de superá-la (1Co 10:13). O próprio Senhor Jesus disse: "No mundo, passais por aflições; mas tende bom ânimo; eu venci o mundo" (Jo 16:33).

Ellen White relata:

As provas a que os cristãos são submetidos em aflição, adversidade e ignomínia são os meios indicados por Deus para separar a palha do trigo. Nosso orgulho, egoísmo, ruins paixões e amor dos prazeres mundanos pre-

JESUS HEADHUNTER

cisam todos ser vencidos; portanto, Deus nos envia aflições para nos experimentar e provar e mostrar-nos que esses males existem em nosso caráter. Cumpre-nos vencê-los mediante a força e graça que nos dá, a fim de sermos participantes da natureza divina, havendo escapado à corrupção que, pela concupiscência, há no mundo. [...] Aflições, cruzes, tentações, adversidades e nossas várias provações são os agentes divinos para nos purificar, santificar e preparar para o celeiro celeste.[119]

A boa notícia é que Jesus não está apenas julgando, mas atuando como mediador entre Deus e os homens (1Tm 2:5). "Por isso, também pode salvar totalmente os que por ele se chegam a Deus, vivendo sempre para interceder por eles" (Hb 7:25). "Acheguemo-nos, portanto, confiadamente, junto ao trono da graça, a fim de recebermos misericórdia e acharmos graça para socorro em ocasião oportuna" (Hb 4:16).

Uma entrevista em tempo real

George Boldt trabalhava no balcão da portaria de um pequeno hotel na Filadélfia. Os ponteiros do relógio indicavam uma hora da madrugada. Os quartos estavam lotados. Lá fora chovia muito. "Acho que vou trancar a porta e ir para a cama", pensou ele. Nesse instante, a porta se abriu, e um casal idoso entrou.

— Todos os hotéis estão cheios – disse o senhor de cabelos brancos. Seria possível conseguir um quarto para nós?

— Sinto muito – respondeu George. — Está havendo três convenções na cidade. Não há vagas em lugar nenhum.

O homem olhou para sua esposa e suspirou.

— Mas não posso simplesmente despedir um casal simpático como vocês, na chuva, a esta hora da noite – continuou George. — Será que estariam dispostos a dormir no meu quarto?

— Não queremos desalojá-lo.

— Vou dar um jeito. Não se preocupem comigo. Insisto para que fiquem. Acompanhem-me.

Na manhã seguinte, quando o idoso senhor pagava a conta, disse a George:

— Você é o tipo de gerente que deveria trabalhar no melhor hotel dos Estados Unidos. Talvez algum dia eu construa um para você!

George deu uma risada. E nunca mais esperou receber notícias daquele homem. Que surpresa foi para ele, portanto, quando dois anos mais tarde lhe chegou uma carta de seu hóspede daquela noite chuvosa. Anexa à carta estava uma passagem para Nova York, de ida e volta. "Venha visitar-me", dizia a carta. "Tenho uma coisa para lhe mostrar." A carta estava assinada por Willian Waldorf Astor.

Em Nova York, um George estupefato acompanhava o Sr. Astor até a esquina da 5ª Avenida com a Rua 34. Ali viu um prédio de pedras avermelhadas. Parecia um castelo contra o céu de Nova York.

— Este é o hotel que construí para você gerenciar! – comentou o idoso senhor, que ria do embasbacado jovem. A placa na frente do prédio dizia: "The Waldorf-Astoria Hotel".[120]

Muito mais do que conhecimento (saber) e habilidade (saber fazer), George tinha atitude (querer fazer). Ele simplesmente poderia ter permitido que o Sr. Astor tivesse ido embora, pois como funcionário já havia cumprido seus afazeres e acomodado os hóspedes, sendo que os quartos estavam todos lotados. No entanto, a despeito de seu conhecimento e habilidade em relação ao seu trabalho, ele exerceu um comportamento ímpar ao atender o cliente de uma forma peculiar. George fez mais que o combinado ao andar a segunda milha. "Se alguém te obrigar a andar uma milha, vai com ele duas" (Mt 5:41). Tal atitude foi um diferencial na vida e na carreira profissional de George.

O Sr. Astor concentrou-se no que é observável: o comportamento aberto que George apresentou. Entendeu que a gentileza demonstrada pelo funcionário fora espontânea, sem pensar em tirar qualquer vantagem da situação. Em tempo real, pôde vislumbrar com clareza um forte potencial para atuação. De acordo com os Profs. Gary Hamel e C. K. Prahalad, "competência é a integração e a coordenação de um conjunto de conhecimentos, habilidades e atitudes que na sua manifestação produzem uma atuação diferenciada". [121]

Para a Profa. Maria Tereza L. Fleury (mestre e doutora em Sociologia) e o Prof. Afonso Fleury (mestre e doutor em Enge-

JESUS HEADHUNTER

nharia da Produção), a definição de competência é "um saber agir responsável e reconhecido, que implica mobilizar, integrar, transferir conhecimentos, recursos, habilidades que agreguem valor econômico à organização e valor social ao indivíduo".[122] O Prof. Joel S. Dutra liga a ideia de competência à noção de entrega, ou seja, a competência está vinculada à capacidade de entrega do indivíduo, seu comprometimento considerando as necessidades da organização.[123]

É isso que enxergamos na história de George. A sua atitude (querer fazer), mais o seu conhecimento (saber) e a sua habilidade (saber fazer), aliados a sua capacidade de entrega, fizeram dele um diferencial para a empresa na qual atuava e proporcionaram valor a ele próprio.

Talvez neste mundo não apareça nenhum "Sr. Astor" em nossa vida, e por mais que façamos pode ser que não sejamos reconhecidos, mas certamente Alguém está notando. Este Alguém é Jesus, e Ele está desejoso de dar o melhor para cada um de nós. Tanto é que Ele disse:

Não se turbe o vosso coração; credes em Deus, crede também em mim. Na casa de meu Pai há muitas moradas. Se assim não fora, eu vo-lo teria dito. Pois vou preparar-vos lugar. E, quando eu for e vos preparar lugar, voltarei e vos receberei para mim mesmo, para que, onde eu estou, estejais vós também (Jo 14:1-3).

O lugar que Jesus preparou para nós, na nova Terra, é muito mais do que um luxuoso hotel. É um lugar de magnífica beleza e imensurável paz, onde desfrutaremos a eternidade com Ele. "Nem olhos viram, nem ouvidos ouviram, nem jamais penetrou em coração humano o que Deus tem preparado para aqueles que o amam" (1Co 2:9).

Muitas vezes, nossas expectativas e esperanças humanas nos traem. Mas a esperança que nos está proposta é fundamentada em Deus e garante suficiente força para vivermos o intervalo entre o começo e o fim no mundo atual. "Nós, porém, segundo a sua promessa, esperamos novos céus e nova terra, nos quais habita justiça" (2Pe 3:13). Essa esperança dá sentido à vida, pois sem ela nada valeria a pena em nossa história. Por ocasião da breve volta de Jesus, a esperança se tornará real. Pense nisso e dê o seu melhor no sentido de se familiarizar cada dia mais com Aquele que é a fonte de esperança: Jesus. Como disse Clive S. Lewis:

Quanto mais deixamos que Deus assuma o controle sobre nós, mais autênticos nos tornamos – pois foi ele quem nos fez. Ele inventou todas as diferentes pessoas que eu e você tencionávamos ser. [...] É quando me viro para Cristo e me rendo à sua personalidade que pela primeira vez começo a ter minha própria e real personalidade.[124]

George Boldt foi avaliado por aquilo que ele conseguiu mostrar, mas ficou claro que o seu comportamento evidenciava a sua atitude interior. Lembre-se: podemos parecer sem ser, mas não podemos ser sem parecer. Embora a boa conduta não nos salve, ela demonstra se estamos ou não vivendo como uma pessoa salva em Cristo. Por isso somos avaliados intrínseca e extrinsecamente.

Avaliar os outros

No que se refere a julgar as ações de outros, o conselho é claro: "Hipócrita! Tira primeiro a trave do teu olho e, então, verás claramente para tirar o argueiro do olho de teu irmão" (Mt 7:5). O objetivo aqui não é ensinar que não se deve julgar, mas que aqueles que estão em tal posição devem primeiramente se posicionar num patamar que lhes dê legitimidade para tal procedimento. Muitos defraudam sua visão pelo julgar impróprio. Sempre prontos a emitir juízo de valor e tão ávidos em sentenciar, achando que estão em condições mais favoráveis do que aqueles que são alvo de seus comentários. Quando você passa a dar mais atenção a quem você é, pode eventualmente constatar que também não é quem parece ser, assim, deixa de julgar inadequadamente os outros.

Para pessoas que são prontas em julgar só por julgar, quase sempre o orgulho e o egoísmo são, nelas, atitudes interiores, que nem sempre se expressam externamente, e elas próprias acabam não se considerando passivas de julgamento. A despeito disso, não deixam de ser ofensivas,

JESUS HEADHUNTER

principalmente para Deus. Portanto, para emitir juízo de valor, é preciso primeiramente se autoavaliar, pois você mesmo poderá estar abaixo do padrão que estabeleceu, inclusive interiormente.

Mesmo quem está num nível que lhe dê condições de julgar com propriedade precisa proceder de forma correta. "Ajudar outros a enxergar e a se livrar de defeitos no caráter e na vida é a operação mais delicada na área das relações humanas e requer visão clara e discernimento perspicaz da parte de quem se propõe a isso."[125] O julgamento válido é aquele em que a pessoa é objeto de redenção.

Ellen White declara:

O juízo do homem é parcial, imperfeito; mas Deus avalia todas as coisas como são na realidade. O ébrio é desprezado, e diz-se-lhe que seu pecado o excluirá do Céu; ao passo que o orgulho, o egoísmo e a cobiça muitas vezes não são reprovados. No entanto, estes são pecados especialmente ofensivos a Deus, pois são contrários à benevolência de Seu caráter [...]. A pessoa que cai em algum pecado grosseiro sente, talvez, sua vergonha e miséria e sua necessidade da graça de Cristo; mas o orgulhoso não sente necessidade alguma, e assim fecha o coração a Cristo e às infinitas bênçãos que veio dar.[126]

Julgar só por julgar pode ser um procedimento que tem o propósito de cobrir a própria hipocrisia. Enquanto não eliminar a vaidade e a arrogância, a pessoa não estará em condições de julgar como convém, pois sempre considerará os outros de modo inferior.

Avaliar a si próprio

É comum, por exemplo, nas entrevistas de emprego o selecionador pedir para o candidato falar sobre si mesmo, e a pessoa, às vezes, "vende-se" de tal forma que passa a se elogiar demais. Por outro lado, quando essa mesma pessoa se encontra com um amigo mais chegado pode depreciar-se em demasia. Ou seja, a pessoa perde o equilíbrio na autoavaliação.

Um fator importante na autoavaliação diz respeito à comparação

ALCIDES FERRI

com os outros. Apesar de sermos todos diferentes, a comparação distorce o que realmente somos e reforça uma autoestima irreal. A capacidade que a pessoa tem de se perceber influenciará sua autoimagem e consequentemente será um termômetro na sua autoestima.

Adotar uma cosmovisão criacionista seria a solução para o equilíbrio da autoestima, pois confere o senso de que nossa origem está arraigada em Deus. Tal discernimento não considera ninguém superior ou inferior a qualquer outra pessoa. A solução proposta é corroborada pelo Prof. Julián Melgosa:

> A subjetividade pode levar a interpretações equivocadas quando avaliamos as pessoas, inclusive a nós mesmos. [...] A distorção parece universal, e as pessoas estão sujeitas a cometer erros quando julgam os outros. O mesmo acontece com nós mesmos. Existe muito erro quando alguém julga a si mesmo em termos de habilidade, aparência, caráter, poder, etc. Sempre vai haver pessoas mais espertas, de melhor aparência e mais talentosas que você; ao mesmo tempo, sempre haverá pessoas que olham para você e se sentem inferiores. Deve existir um orgulho saudável pelas coisas bem-feitas, nas tarefas bem realizadas e nas boas características e traços de caráter que alguém possua. Espera-se uma atitude de proteção própria e cuidado de si mesmo. O problema vem quando a pessoa não dá crédito a Deus, o Criador de todas as boas coisas em nós.[127]

Outro fator diz respeito às avaliações negativas que recebemos dos outros. Estes podem tolher nosso potencial quando fazem uma leitura equivocada daquilo que realmente somos e podemos oferecer. Isso gera uma consequência prejudicial porque a pessoa avaliada é sugestionada pela visão dos outros e passa a julgar a si mesma de maneira desvalorizada.

A solução também está ligada à compreensão de que somos todos criaturas de Deus, como reforça o trecho a seguir, produzido pelo psicólogo Noel José Dias da Costa, mestre e doutor em Psicologia Clínica pela USP e mestre em Teologia pelo Salt-Unasp:

JESUS HEADHUNTER

No contexto do pecado em que crescemos cercados pelas constantes avaliações negativas que pais, familiares, educadores e amigos fazem de nós, é muito comum desenvolver uma autoestima baixa. Os efeitos dela são a perda da autoconfiança e da qualidade nas relações sociais; a dúvida, a tristeza e o desânimo. Quando a autoestima é preservada, a pessoa alcança melhor desempenho em suas relações familiares, sociais e principalmente no aspecto profissional e acadêmico. Ao aceitar a criação como um fato, a pessoa é levada a refletir sobre sua origem superior, com propósito, e não de maneira acidental. Ao conceber-se como filho de Deus, o senso de dignidade pessoal é enobrecido, e a autoestima, fortalecida. A Bíblia diz que o homem foi criado à imagem de Deus (Gn 1:26-27) e um pouco menor do que os anjos (Sl 8:5). [...] A compreensão desse privilégio é um fator eficiente da autoestima positiva.

A implicação natural da evolução darwinista é a ausência de um referencial objetivo para a vida e conduta humanas. Os processos naturais e o próprio homem são os referenciais. Nesse vazio, o homem encontra apenas o "acaso" como seu originador. Não bastasse isso, o conceito da sobrevivência do mais apto, da raça superior (eugenia), que influenciou as desigualdades históricas, leva as pessoas a experimentar maior angústia e desamparo, ferindo frontalmente sua dignidade e autoestima. [Mas] O conhecimento de nossa origem divina e do sacrifício de Jesus, por cada pessoa, afeta nossa autoestima e nossa perspectiva de vida. Criados de forma especial conforme a imagem de Deus e comprados por preço infinitamente valioso, somos impactados pelo amor de Deus, que equilibra nossa autoestima e fornece recursos para eliminar os excessos de uma autoavaliação equivocada. [...] A comunhão diária com Jesus assegura uma autopercepção realista e uma compreensão mais justa de Deus, de nós mesmos e dos outros. [128]

O que devemos fazer para manter o equilíbrio entre a inferioridade e a vaidade? Entre a baixa autoestima e a arrogância existe uma área mediana desejável, e é saudável nela permanecermos. Paulo fala da humildade e da sensatez que convêm a cada pessoa: "Porque, pela graça que me foi dada, digo a cada um dentre vós que não pense de si mesmo além do que convém; antes, pense com moderação, segundo a medida da fé que Deus repartiu a cada um" (Rm 12:3).

ALCIDES FERRI

O sucesso vem de fora

A essência dos ensinos de Jesus é a negação do próprio eu. Mas numa sociedade humanista é muito difícil isso ocorrer porque até o próprio sistema da autoajuda fala que a potencialidade está em você, enquanto o texto Bíblico diz que "tudo posso naquele que me fortalece" (Fp 4:13). Mas nós brincamos de Deus, cada um é o seu próprio Deus, tanto é que o liberalismo teológico coloca Deus dentro de nós mesmos, em vez de ver a Deus como Aquele que existe acima ou fora de Sua criação. Ou então vê a Deus como estando em todo lugar, o que quase cai no panteísmo. Assim a pessoa acaba sendo uma espécie de Deus para ela mesma.

Com a finalidade de elevar a autoestima para garantir felicidade e sucesso, boa parte dos gurus da autoajuda têm apontado diferentes receitas. Mas não podemos cair nos efeitos produzidos pela autoajuda, que desenvolveu certas características e traços que afastam as pessoas do poder de Deus e apregoam que temos de acordar o gigante que está dentro de nós, pois assim conseguiremos tudo.

Nesse contexto, no livro *O sucesso vem de fora*, o escritor Maurício Gois nos mostra como ser uma pessoa vencedora sem as armadilhas da autoajuda e relata que para isso é preciso saber separar o lado bom e o lado ruim da autoajuda. Ele reconhece que sempre haverá ferramentas poderosas capazes de transformar pessoas ordinárias em pessoas extraordinárias, e também sempre existirão recursos que nos ajudam a desafiar nossas próprias limitações e nos levam a ser o que somos potencialmente capazes de ser, por isso sempre existirá autoajuda. Mas enfatiza que, apesar de muita coisa positiva, a autoajuda tem um lado que é negativo. É quando faz você acreditar que você se basta por si mesmo. Em suma, o autor destaca que o sucesso vem de fora. Vem de Deus. E é necessário buscar n'Ele, que é a fonte verdadeira.[129]

A união do divino com o humano é a fórmula apresentada por Ellen White para o sucesso:

JESUS HEADHUNTER

O homem necessita de um poder fora e acima dele, para restaurá-lo à semelhança de Deus e habilitá-lo a fazer Sua obra; isso, porém, não faz com que o instrumento humano deixe de ser essencial. A humanidade apodera-se do poder divino, Cristo habita no coração pela fé; e, por meio da cooperação com o divino, o poder do homem torna-se eficiente para o bem. Aquele que chamou os pescadores da Galileia chama ainda homens ao Seu serviço. E está tão disposto a manifestar por nosso intermédio o Seu poder como por meio dos primeiros discípulos. Imperfeitos e pecadores como possamos ser, o Senhor estende-nos o oferecimento da comunhão com Ele, do aprendizado com Cristo. Convida-nos a colocar-nos sob as instruções divinas, para que, unindo-nos a Cristo, possamos realizar as obras de Deus.[130]

Medite na realidade do seguinte texto:

No coração de todo homem, seja qual for a raça a que pertença ou a posição que ocupe na vida, existe um inexprimível anseio de qualquer coisa que ainda não possui. Este anseio é implantado na própria constituição do homem por um Deus misericordioso, para que ele não se satisfaça com seu estado atual e suas consecuções presentes, sejam elas más, boas ou ótimas. É desejo de Deus que a humanidade procure o melhor e o encontre, para bem-aventurança eterna de sua alma. Em vão procuram os homens satisfazer esse desejo com prazeres, fortuna, conforto, fama, poder; os que assim procedem têm verificado que todas essas coisas, fartando os sentidos, deixam a alma tão vazia e descontente como antes. É o desígnio de Deus que esse anseio do coração humano o guie Àquele que, unicamente, é capaz de o satisfazer. Vem dEle esse desejo, para que possa conduzir a Ele, a plenitude e cumprimento do mesmo desejo. Essa plenitude encontra-se em Jesus Cristo, o Filho Eterno de Deus.[131]

A busca interior não é suficiente para tornar alguém autêntico. "A educação, a cultura, o exercício da vontade, o esforço humano, todos têm sua devida esfera de ação, mas neste caso são impotentes. Poderão levar a um procedimento exteriormente correto, mas não podem mudar o coração."[132]

ALCIDES FERRI

Ellen White orienta que:

[...] É pela renovação do coração que a graça de Deus atua para transformar a vida. Não basta a mudança exterior para pôr-nos em harmonia com Deus. Muitos há que procuram reformar-se, corrigindo este ou aquele mau hábito, e esperam desse modo tornar-se cristãos, mas estão principiando no lugar errado. Nossa primeira tarefa é com o coração.[133]

"Na vida entramos em um círculo vicioso e nos debatemos usando apenas forças humanas, quando na realidade precisamos de uma ajuda externa, superior, que nos conduza a uma saída dos nossos labirintos."[134] A nosso dispor, há uma infinidade de obras de autoajuda. Contudo, nem sempre elas são capazes de suprir nossas necessidades. Em muitos casos, só Deus pode prover o que nos falta.

CAPÍTULO 13

Remuneração celestial

Na "Parábola dos trabalhadores na vinha", Jesus focalizou o relacionamento patrão-empregado.

Porque o reino dos céus é semelhante a um dono de casa que saiu de madrugada para assalariar trabalhadores para a sua vinha. E, tendo ajustado com os trabalhadores a um denário por dia, mandou-os para a vinha. Saindo pela terceira hora, viu, na praça, outros que estavam desocupados e disse-lhes: Ide vós também para a vinha, e vos darei o que for justo. Eles foram. Tendo saído outra vez, perto da hora sexta e da nona, procedeu da mesma forma, e, saindo por volta da hora undécima, encontrou outros que estavam desocupados e perguntou-lhes: Por que estivestes aqui desocupados o dia todo? Responderam-lhe: Porque ninguém nos contratou. Então, lhes disse ele: Ide também vós para a vinha. Ao cair da tarde, disse o senhor da vinha ao seu administrador: Chama os trabalhadores e paga-lhes o salário, começando pelos últimos, indo até aos primeiros. Vindo os da hora undécima, recebeu cada um deles um denário. Ao chegarem os primeiros, pensaram que receberiam mais;

porém também estes receberam um denário cada um. Mas, tendo-o recebido, murmuravam contra o dono da casa, dizendo: Estes últimos trabalharam apenas uma hora; contudo, os igualaste a nós, que suportamos a fadiga e o calor do dia. Mas o proprietário, respondendo, disse a um deles: Amigo, não te faço injustiça; não combinaste comigo um denário? Toma o que é teu e vai-te; pois quero dar a este último tanto quanto a ti. Porventura, não me é lícito fazer o que quero do que é meu? Ou são maus os teus olhos porque eu sou bom? Assim, os últimos serão primeiros, e os primeiros serão últimos [porque muitos são chamados, mas poucos escolhidos] (Mt 20:1-16).

Entre os judeus, a jornada completa do dia ia do nascer do sol (por volta das 6 horas) até o pôr do sol (por volta das 18 horas). O dia era dividido em partes, e podemos destacar: 1ª hora = 6 horas, 3ª hora = 9 horas, 6ª hora = 12 horas, 9ª hora = 15 horas, 11ª hora = 17 horas.

O dono da vinha saiu de madrugada para recrutar trabalhadores e combinou com eles uma determinada remuneração por dia de trabalho. Considerando que a 1ª hora do dia se iniciava por volta das 6 horas, os contratados começaram cedo. Mais trabalhadores foram recrutados perto das 9 horas, do meio-dia e das 15 horas, mas não foi estipulada qual seria a remuneração, apenas dito que seria justa. Perto da 11ª hora (17 horas), o dono da vinha fez a quinta e última contratação do dia ao recrutar outros que estavam ociosos.

O curioso nessa parábola é que, no momento de recompensar os trabalhadores, por volta das 18 horas, o dono da vinha pediu para que o administrador invertesse a ordem, ou seja, começasse pelos últimos e fosse até os primeiros.

Outro aspecto caracterizado como incomum é que os últimos (que trabalharam apenas 1 hora) receberam a mesma quantia dos primeiros (que trabalharam 12 horas). Tal ocorrência gerou uma reclamação por parte dos primeiros, que achavam que receberiam mais que o combinado pelo fato de terem trabalho mais tempo. Eles questionaram a forma igualitária de pagamento.

É notório que a maioria dos desentendimentos entre empregados e empregadores tem origem no aspecto remuneração. No caso dos trabalhadores da parábola, os últimos foram beneficiados pela bondade e liberalidade do patrão – inclusive, não foi cometida nenhuma desonestidade para com os da 1ª hora, pois receberam o que fora combinado.

Segundo o autor na área de recursos humanos Prof. Gary Dessler, citado pelo Prof. Idalberto Chiavenato, "remuneração é o processo que envolve todas as formas de pagamento ou de recompensas dadas aos funcionários e decorrentes do seu emprego".[135] Grande parte das empresas utiliza a remuneração funcional, também conhecida como Plano de Cargos e Salários (PCS), como forma tradicional para recompensar seus funcionários por seu trabalho. É um modelo que focaliza o cargo como base para a formação e padronização da recompensa. Objetivando vantagem competitiva, muitas empresas aderem à remuneração estratégica – um modelo que traz no seu bojo a combinação de diferentes formas de recompensar os funcionários por seu trabalho, como remuneração por competências, remuneração por habilidades, salário indireto, remuneração variável, participação acionária, a própria remuneração funcional e outras alternativas de se remunerar. O foco é a pessoa, e não mais o cargo em si.

Sob essa ótica, qual a forma de remuneração adotada pelo dono da vinha? Fica claro que a remuneração praticada por ele está na contramão de todas as formas existentes, ou seja, o que Jesus queria mostrar é que o foco não está nem no cargo nem na pessoa, mas na benignidade do patrão (Deus).

Não é a posição do ocupante, não são as competências pessoais e não é o desempenho de cada um que garantem méritos para a recompensa, mas é a boa vontade do dono da vinha em recompensar a todos que se disponibilizaram ao ser recrutados para o trabalho. "Porque pela graça sois salvos, mediante a fé; e isto não vem de vós; é dom de Deus; não de obras, para que ninguém se glorie" (Ef 2:8-9).

No livro *Parábolas de Jesus*, Ellen White observa:

O procedimento do pai de família com os trabalhadores em sua vinha representa o de Deus com a família humana. É contrário aos costumes que prevalecem entre os homens. Nos negócios mundanos, a compensação é dada de acordo com o trabalho executado. O trabalhador espera que lhe seja pago somente aquilo que ganhou. Mas, na parábola, Cristo estava ilustrando os princípios de Seu reino – um reino não deste mundo. Ele não é regido por qualquer norma humana.[136]

A recompensa de todos nós seria a morte eterna, mas Jesus contornou a situação: "porque o salário do pecado é a morte, mas o dom gratuito de Deus é a vida eterna em Cristo Jesus, nosso Senhor" (Rm 6:23). A recompensa (salvação) que Deus oferece, por meio dos méritos de Jesus, está disponibilizada indistintamente a todos, mas concedida somente àqueles que se permitem ser recrutados para a Sua vinha. A mesma recompensa prometida àqueles que no passado aceitaram Cristo como Salvador é oferecida àqueles que O aceitam hoje.

No papel de *headhunter*, Jesus atraiu as pessoas até no fim de Sua vida terrestre. Na cruz Ele aceitou o pedido de um dos dois ladrões que foram crucificados ao Seu lado e que na "hora undécima" de sua vida clamou: "Jesus, lembra-te de mim quando vieres no teu reino. Jesus lhe respondeu: Em verdade te digo hoje que estarás comigo no paraíso" (Lc 23:42-43). No caso dos dois ladrões, ambos representam duas classes de pessoas: os que reconhecem e aceitam a Jesus como Salvador pessoal e os que O rejeitam.

A expressão "hora undécima" indica que estamos no limiar do tempo do fim e nos remete à importância de atendermos ao chamado do *Headhunter* Jesus, que ainda está recrutando, para sermos trabalhadores da última hora (servir a Deus). Como mostra a parábola, a recompensa é garantida e certa! "Ora, àquele que é poderoso para fazer infinitamente mais do que tudo quanto pedimos ou pensamos, conforme o seu poder que opera em nós" (Ef 3:20).

Após o recrutamento, passar no processo seletivo celestial implica não assumir a atitude dos primeiros trabalhadores da parábola, que:

Representam os que, por causa de seus serviços reclamam preferência sobre os demais. Empreendem sua obra com o espírito de engrandecimento, e não empregam nela abnegação e sacrifício. Podem haver professado servir a Deus toda a sua vida; podem destacar-se em suportar agruras, privação e provas, e por isso pensam ter direito a grande remuneração. Pensam

JESUS HEADHUNTER

mais na recompensa que no privilégio de serem servos de Cristo. A seu parecer, suas labutas e sacrifícios conferem-lhes o direito de receber mais honras que os outros, e, por não ser reconhecido esse direito, ficam ofendidos. Se tivessem trabalhado com espírito amável e confiante, continuariam a ser os primeiros; mas sua disposição queixosa e lamuriante é dessemelhante da de Cristo e demonstra que são indignos de confiança. Revela seu desejo de exaltação própria, desconfiança de Deus e espírito ambicioso e de inveja para com os irmãos. A bondade e a liberalidade do Senhor lhes é motivo de murmuração. Assim demonstram não ter afinidade [com] Deus. Não conhecem a alegria da cooperação com o Obreiro por excelência. [137]

Eis a atitude ideal:

Não é a duração do tempo que labutamos, mas a voluntariedade e fidelidade em nosso trabalho que o torna aceitável a Deus. É requerida uma renúncia completa do próprio eu em todo o nosso serviço. O menor dever feito com sinceridade e desinteresse é mais agradável a Deus que a maior obra quando manchada pelo egoísmo. Ele [Deus] olha para ver quanto nutrimos do espírito de Cristo e quanto nosso trabalho revela da semelhança de Cristo. Considera mais o amor e a fidelidade com que trabalhamos do que a quantidade que fazemos. Somente quando o egoísmo estiver morto, banida a contenda pela supremacia, o coração repleto de gratidão e o amor houver tornado fragrante a vida – somente então, Cristo nos estará habitando na alma e seremos reconhecidos como coobreiros de Deus. Por mais probante que seja a labuta, os verdadeiros obreiros não a consideram fadiga. Estão prontos para se gastar e deixar gastar; porém é uma obra prazenteira, feita de coração alegre. A alegria em Deus é expressa mediante Jesus Cristo. [Sua alegria é a alegria proposta] a Cristo: "Fazer a vontade dAquele que Me enviou, e realizar a Sua obra" (Jo 4:34). São cooperadores do Senhor da glória. Este pensamento suaviza toda fadiga, robustece a vontade, fortalece o espírito para tudo que suceder. Trabalhando com coração isento de egoísmo, enobrecidos por serem participantes dos sofrimentos de Cristo, partilhando de Suas simpatias e colaborando com Ele em Seu labor, ajudam a intensificar a Sua alegria e a acrescentar honra e louvor ao Seu nome exaltado. Este é o espírito de todo serviço verdadeiro para Deus. Pela falta do mesmo, muitos que aparentam ser os primeiros se tornarão os últimos, enquanto os que o possuem, embora considerados os últimos, tornar-se-ão os primeiros.[138]

Em Apocalipse 22:12, Jesus diz: "E eis que venho sem demora, e comigo está o galardão [recompensa] que tenho para retribuir a cada um segundo as suas obras." Muito embora as obras, por si só, não garantam a recompensa de ninguém, a fé, por sua vez, sem obras é morta (Tg 2:26). Assim sendo, a prática das obras torna clara a operação da graça de Cristo em nossa vida, harmonizando-a com os princípios prescritos em Sua Palavra – a Bíblia.

Lembre-se: os efeitos da graça de Cristo ou de sua rejeição também serão levados em conta quando se examinar a obra de cada um.[139] Por isso, imediata deve ser a tomada de decisão em aceitar a Cristo como seu Salvador pessoal, obedecer a Sua Palavra e estar pronto por ocasião de Sua breve vinda, a fim de que por Ele seja regida a vida e moldado o caráter.

NOTAS

NOTAS

1. YOUSSEF, 1987.

2. SOUZA, 1998.

3. Nomes fictícios.

4. Os textos bíblicos citados pelo autor neste livro são da versão Almeida – Revista e Atualizada no Brasil, 2ª edição.

5. Disponível em: <http://www.significados.com.br/gaps/>. Acesso em: 2 mar. 2015.

6. Disponível em: <http://www.bluesteps.com/Client/Documents/_Livro_EconomiaBrasileira(digital).pdf>. Acesso em: 4 ago. 2014.

7. SENNETT, 2002, p. 9.

8. HARVEY, 1996.

9. GRISCI; CARVALHO, 2004.

10. Mensagem recebida por e-mail. Autor desconhecido.

11. XAVIER, 2002, p. 21 e 22.

12. LACOMBE, 2005, p. 39.

13. WHITE, 1995, p. 294.

14. DORNELES, 2013, p. 381, 651, v. 5.

ALCIDES FERRI

15. ADLER apud ALMEIDA, 2004, p. 30.

16. MOURA E CLARO; NICKEL, 2002, p. 22 e 23.

17. DURAND, 2000, p. 84-102.

18. ALMEIDA, op. cit., p.16.

19. CHIAVENATO, 2010, p. 100.

20. DUTRA, 2001, p. 27.

21. CORRÊA, 2006, p. 22.

22. CHIAVENATO, op. cit., p. 133.

23. MENDONÇA; FACHIN, 2006.

24. GRISCI; CARVALHO, op. cit.

25. MOURA E CLARO; NICKEL, op. cit., p. 23.

26. Disponível em: <http://pt.wikipedia.org/w/index.php?title=Ouro&oldid=20042307>. Acesso em: 14 ago. 2013.

27. Disponível em: <http://www.portaldasjoias.com.br/index.php?option=com_content&task=view&id=442&Itemid=32>. Acesso em: 15 jul. 2013.

28. Disponível em: <http://ciencia.hsw.uol.com.br/iceberg.htm>. Acesso em: 8 maio 2013.

29. Disponível em: <http://pt.wikipedia.org/w/index.php?title=Iceberg&oldid=38823147>. Acesso em: 23 jul. 2013.

30. Nome fictício.

31. WHITE, 2000, p. 512.

32. Ibid., p. 511.

33. Id., 1995, p. 292 e 293.

34. Ibid., p. 140.

35. Disponível em: <http://www.jesusvoltara.com.br/sermoes/bullon46_chamado_cetico.htm>. Acesso em: 23 jan. 2013.

36. MELBOURNE, 2008d, p. 11 e 12.

37. WHITE, op. cit., p. 249 e 250.

38. Ibid., p. 249.

39. DORNELES, op. cit., p. 814, v. 5.

JESUS HEADHUNTER

40. MELBOURNE, 2008c, p. 33.

41. Ibid., p. 39.

42. Ibid., p. 40.

43. WHITE, op. cit., p. 296.

44. Ibid., p. 808.

45. Disponível em: <http://www.youtube.com/watch?v=O_6Mau0M0T8>. Acesso em: 30 maio 2016.

46. BRUINSMA, 2009, p. 134.

47. WHITE, 2000, p. 353.

48. Id., 1995, p. 717-718.

49. DORNELES, op. cit., p. 1.228, v. 5.

50. Disponível em: <http://www.cpb.com.br/htdocs/periodicos/licoes/jovens/2011/lj142011.html>. Acesso em: 1° jul. 2012.

51. COSAERT, 2011c, p. 5-9.

52. WHITE, 1999, p. 124.

53. COSAERT, op. cit., p. 12.

54. Mensagem recebida por e-mail. Autor desconhecido.

55. WHITE, 1995, p. 196 e 241.

56. Ibid., p. 237-243.

57. DORNELES, op. cit., p. 669, v. 5.

58. SILVA, 2011, p. 295.

59. FLOWERS, 2006, p. 78.

60. MORGAN-COLE, 2010, p. 113.

61. Ibid., p. 87.

62. RABAGLIO, 2001, p. 33.

63. Ibid., p. 36.

64. AZNAR; OLIVEIRA, 2010, p. 70.

65. RABAGLIO, op. cit., p. 39.

66. GRAMIGNA, 2017, p. 173-175.

67. MELBOURNE, 2008b, p. 45.

ALCIDES FERRI

68. JONES; PITTMAN, 1982, p. 231-262.

69. GRISCI; CARVALHO, op. cit.

70. MELBOURNE, op. cit.

71. Disponível em: <http://www.cpb.com.br/htdocs/periodicos/licoes/adultos/2008/com412008.html>. Acesso em: 1º jul. 2012.

72. MELBOURNE, op. cit., p. 51-52.

73. SCHEFFEL, 2009, p. 153.

74. SARLI, 2008, p. 58.

75. DORNELES, op. cit., p. 381, v. 5.

76. MELBOURNE, op. cit., p. 43.

77. Disponível em: <http://www.cpb.com.br/htdocs/periodicos/licoes/adultos/2008/com412008.html>. Acesso em: 2 jul. 2012.

78. MELBOURNE, op. cit., p. 51.

79. Disponível em: <http://www.cpb.com.br/htdocs/periodicos/licoes/adultos/2008/com412008.html>. Acesso em: 2 jul. 2012.

80. MELBOURNE, op. cit.

81. Ibid., p. 44.

82. WHITE, 1995, p. 187.

83. MELBOURNE, 2008a, p. 60.

84. MELGOSA, 2011b, p. 69.

85. Disponível em: <http://www.cpb.com.br/htdocs/periodicos/licoes/adultos/2011/com342011.html>. Acesso em: 3 jul. 2012.

86. COSAERT, 2011a, p. 175.

87. DORNELES, op. cit., p. 1.095, v. 6.

88. COSAERT, 2011b, p. 48.

89. Id., 2011a, p. 177.

90. OLIVEIRA, 2001, p. 19.

91. CORRÊA, op. cit., p. 28.

92. Disponível em: <http://www.webartigos.com/artigos/gestao-por-competencia-como-ferramenta-estrategica-para-orientar-as-pessoas-nas-organizacoes/69035/>. Acesso em: 13 jan. 2014.

JESUS HEADHUNTER

93. LARSON, 2003, p. 370-371.

94. DALGALARRONDO, 2008, p. 23.

95. CANNON, 2012, p. 8.

96. KOENIG, 1990, p. 23.

97. Disponível em: <http://www.rh.com.br/Portal/Mudanca/Artigo/5244/espiritualidade-nas-empresas.html#>. Acesso em: 8 abr. 2013.

98. Disponível em: <http://www.muciomorais.com/artigo100.html>. Acesso em: 6 mar. 2013.

99. WHITE, 1985, p. 279.

100. Id., 2000, p. 31.

101. ARRUDA; WHITAKER, 2007.

102. Disponível em: <http://www.artigonal.com/direito-artigos/a-proposta-e-tica-crista-5528462.html>. Acesso em: 3 fev. 2013.

103. WADE, 2010, p. 11.

104. SENNETT, op. cit., p. 9.

105. TERRA, 2008, p. 114.

106. WHITE, op. cit., p. 162.

107. ACETTO, 2001, p. 27.

108. NISTO Cremos, 2003, p. 142 e 143.

109. WHITE, 1995, p. 761.

110. Id., 2003, p. 54.

111. Ibid., p. 55.

112. Nome fictício.

113. MACEDO, 2005, p. 10.

114. WHITE, 2005, p. 512.

115. Id., 2000, p. 308-310.

116. Id., 1995, p. 27.

117. Id., 2000, p. 310.

118. NISTO Cremos, op. cit., p. 425 e 426.

119. Id., 2004, p. 313.

ALCIDES FERRI

120. Disponível em: <http://www.cpb.com.br/htdocs/periodicos/ij/2012/frij2012.html>. Acesso em: 6 fev. 2013.

121. HAMEL; PRAHALAD, 1995, p. 36.

122. FLEURY; FLEURY, 2001, p. 21.

123. DUTRA, op. cit., p. 28.

124. Disponível em: <http://pt.wikiquote.org/wiki/C._S._Lewis>. Acesso em: 8 out. 2013.

125. DORNELES, op. cit., p. 370, v. 5.

126. WHITE, 1986, p. 30.

127. MELGOSA, 2011a, p. 108.

128. Disponível em: <http://www.cpb.com.br/htdocs/periodicos/licoes/adultos/2011/com912011.html>. Acesso em: 10 jul. 2012.

129. GOIS, 1996, passim.

130. WHITE, 1995, p. 296 e 297.

131. Ibid., prefácio.

132. Id., 1986, p. 18.

133. Id., 2000, p. 97

134. Disponível em: <http://www.jesusvoltara.com.br/sermoes/stina16_somos_carentes.htm>. Acesso em: 5 jul. 2013.

135. CHIAVENATO, op. cit., p. 282.

136. WHITE, op. cit., p. 396-397.

137. Ibid., p. 399 e 400.

138. Ibid., p. 402 e 403.

139. NICHOL, 1978, p. 896.

REFERÊNCIAS

REFERÊNCIAS

ACETTO, Torquato. *Da dissimulação honesta.* São Paulo: Martins Fontes, 2001.

ALMEIDA, Walnice. *Captação e seleção de talentos.* São Paulo: Atlas, 2004.

ARRUDA, Maria Cecília Coutinho de; WHITAKER, Maria do Carmo. *Códigos de ética.* Disponível em: <http://www.eticaempresarial.com.br/>. Acesso em: 13 fev. 2012.

AZNAR, Sueli; OLIVEIRA, Rosana Isaac. *Gestão de pessoas e seleção por competências.* Revista Racine, n. 115, p. 70, mar./abr. 2010.

BRUINSMA, Reinder. *Mordomia.* Lição da Escola Sabatina. Tatuí: Casa Publicadora Brasileira, 2º trim. 2009. Versão para professores.

CANNON, Carol. *O ciclo da [in]felicidade: como se livrar do descontentamento e ter uma atitude positiva.* Tradução de Delmar F. Freire. Tatuí: Casa Publicadora Brasileira, 2012.

CHIAVENATO, Idalberto. *Gestão de pessoas: o novo papel dos recursos humanos nas organizações.* 3. ed. Rio de Janeiro: Elsevier, 2010.

CORRÊA, Fabiana. *Destaque-se na multidão.* Você S/A, n. 94, p. 22, abr. 2006.

COSAERT, Carl P. *Anunciando a glória da cruz.* Lição da Escola Sabatina. Tatuí: Casa Publicadora Brasileira, 4º trim. 2011a. Versão para professores.

_____. *Justificação pela fé.* Lição da Escola Sabatina. Tatuí: Casa Publicadora Brasileira, 4º trim. 2011b. Versão para professores.

_____. *Paulo: apóstolo dos gentios.* Lição da Escola Sabatina. Tatuí: Casa Pu-

ALCIDES FERRI

blicadora Brasileira, 4º trim. 2011c. Versão para professores.

DALGALARRONDO, Paulo. *Religião, psicopatologia e saúde mental.* Porto Alegre: Artmed, 2008.

DORNELES, Vanderlei (Ed.). *Comentário bíblico adventista do sétimo dia.* Tatuí: Casa Publicadora Brasileira, 2013. v. 5 e 6.

DURAND, Thomas. *L'Alchimie de La competénce. Revue Française de Gestion,* n. 127, p. 84-102, jan./fev. 2000.

DUTRA, Joel Souza (Org.). *Gestão por competências: um modelo avançado para o gerenciamento de pessoas.* 5. ed. São Paulo: Gente, 2001.

FLEURY, Afonso; FLEURY, Maria Tereza Leme. *Estratégias empresariais e formação de competências: um quebra-cabeça caleidoscópio da indústria brasileira.* 2. ed. São Paulo: Atlas, 2001.

FLOWERS, Ronald M. *Palavras sábias para as famílias.* Lição da Escola Sabatina. Tatuí: Casa Publicadora Brasileira, 1º trim. 2006. Versão para professores.

GOIS, Maurício. *O sucesso vem de fora: como ser uma pessoa vencedora sem as armadilhas da autoajuda.* Campinas: Proêxito, 1996.

GRAMIGNA, Maria Rita. *Gestão por competências: ferramentas para avaliar e mapear perfis.* 1. ed. Rio de Janeiro: Alta Books, 2017.

GRISCI, Carmem Ligia Iochins; CARVALHO, Maria Luísa. *Gerenciamento de impressão e entrevista de seleção: camaleões em cena.* Psicol. Cienc. Prof., Brasília, v. 24, n. 2, jun. 2004. Disponível em: <http://pepsic.bvsalud.org/scielo. php?script=sci_arttext&pid=S1414-98932004000200009&lng=pt&nrm=iso>. Acesso em: 28 mar. 2012.

HAMEL, Gary; PRAHALAD, C. K. *Competindo pelo futuro.* 12. ed. Rio de Janeiro: Campus, 1995.

HARVEY, David. *A condição pós-moderna.* São Paulo: Loyola, 1996.

JONES, E. E.; PITTMAN, T. S. *Toward a general theory of strategic self-presentation.* In: SULS, J. (Ed.). Psychological perspectives on the self. Hillsdale: Erlbaum, 1982. v. 1.

KOENIG, Harold G. *Research on religion and mental health in later life: a review and commentary.* J. Geriatric Psychiatry, v. 23, p. 23, 1990.

LACOMBE, Francisco. *Recursos humanos: princípios e tendências.* São Paulo: Saraiva, 2005.

JESUS HEADHUNTER

LARSON, Kristin. *The importance of spiritual assessment: one clinician's journey. Geriatric Nursing,* Missouri, v. 24, n. 6, p. 370-371, 2003.

MACEDO, Gutemberg B. de. *Carreira executiva: o poder da inteligência moral.* Revista Profissional & Negócios, Fênix, p. 10, ago. 2005.

MELBOURNE, Bertram. *As mulheres e o discipulado.* Lição da Escola Sabatina. Tatuí: Casa Publicadora Brasileira, 1º trim. 2008a. Versão para professores.

_____. *Lições de candidatos a discípulos.* Lição da Escola Sabatina. Tatuí: Casa Publicadora Brasileira, 1º trim. 2008b. Versão para professores.

_____. *O chamado de Jesus ao discipulado.* Lição da Escola Sabatina. Tatuí: Casa Publicadora Brasileira, 1º trim. 2008c. Versão para professores.

_____. *Uma avaliação do discipulado.* Lição da Escola Sabatina. Tatuí: Casa Publicadora Brasileira, 1º trim. 2008d. Versão para professores.

MELGOSA, Julián. *Autoestima.* Lição da Escola Sabatina. Tatuí: Casa Publicadora Brasileira, 1º trim. 2011a. Versão para professores.

_____. *Bons pensamentos.* Lição da Escola Sabatina. Tatuí: Casa Publicadora Brasileira, 1º trim. 2011b. Versão para professores.

MENDONÇA, J. Ricardo C. de; FACHIN, Roberto Costa. *O teatro das interações sociais nas organizações: fases do gerenciamento de impressões na perspectiva dramatúrgica.* Revista Eletrônica de Gestão Organizacional, v. 4, n. 4, set./dez. 2006. Disponível em: <http://www.revista.ufpe.br/gestaoorg/index.php/gestao/article/viewFile/168/150>. Acesso em: 14 fev. 2012.

MORGAN-COLE, Trudy J. *Filhas da Graça: o que você pode aprender com as mulheres da Bíblia.* Tatuí: Casa Publicadora Brasileira, 2010.

MOURA E CLARO, Maria Alice P.; NICKEL, Daniele Cristine. *Gestão de pessoas.* In: MENDES, Judas Tadeu Grassi (Org.). Gestão do capital humano. Curitiba: Associação Franciscana de Ensino Senhor Bom Jesus – AFESBJ/FAE Business School; Editora Gazeta do Povo, 2002. p. 22 e 23, v. 5. Disponível em: <http://www.unifae.br/publicacoes/pdf/cap_humano/2.pdf>. Acesso em: 16 fev. 2012.

NICHOL, Francis D. (Ed.). *Seventh-day adventist bible commentary.* Ed. Revisada. Washington: Review and Herald, 1978. v. 7.

NISTO Cremos. Tradução de Hélio L. Grellmann. Tatuí: Casa Publicadora Brasileira, 2003.

OLIVEIRA, Maurício. *Na mira dos headhunters: como se tornar um profissional cobiçado.* São Paulo: Campus, 2001.

RABAGLIO, Maria Odete. *Seleção por competências.* 2. ed. São Paulo: Educator, 2001.

SARLI, Wilson. *Água da fonte.* Tatuí: Casa Publicadora Brasileira, 2008.

SCHEFFEL, Rubem M. *Meditações diárias: com a eternidade no coração.* Tatuí: Casa Publicadora Brasileira, 2009.

SENNETT, Richard. *A corrosão do caráter: as consequências pessoais do trabalho no novo capitalismo.* Tradução de Marcos Santarrita. 6. ed. Rio de Janeiro: Record, 2002.

SILVA, José Maria Barbosa. *Meditações diárias: momentos de graça.* Tatuí: Casa Publicadora Brasileira, 2011.

SOUZA, Milton Cezar de. *Lições de Cristo para os administradores.* Taquara: Faculdades de Taquara, 1998.

TERRA, Hélio Rangel. *Empreendedorismo e excelência em RH.* São Paulo: Editora Gente, 2008.

WADE, Loron. *Os dez mandamentos: princípios divinos para melhorar seus relacionamentos.* Tradução de Eunice Scheffel do Prado. Tatuí: Casa Publicadora Brasileira, 2010.

WHITE, Ellen G. *Atos dos apóstolos.* 8. ed. Tatuí: Casa Publicadora Brasileira, 1999.

_____. *Caminho a Cristo.* 23. ed. Tatuí: Casa Publicadora Brasileira, 1986.

_____. *Conselhos aos professores, pais e estudantes.* 5. ed. Tatuí: Casa Publicadora Brasileira, 2000.

_____. *O Desejado de todas as nações.* 19. ed. Tatuí: Casa Publicadora Brasileira, 1995.

_____. *Parábolas de Jesus.* 14. ed. Tatuí: Casa Publicadora Brasileira, 2000.

_____. *Testemunhos para a igreja.* Tatuí: Casa Publicadora Brasileira, 2005. v. 2.

_____. *Testemunhos seletos.* 5. ed. Santo André: Casa Publicadora Brasileira, 1985. v. 2.

XAVIER, Ricardo de Almeida Prado. *Competência para o sucesso.* São Paulo: STS, 2002.

YOUSSEF, Michael. *O estilo de liderança de Jesus.* Venda Nova: Betânia, 1987.

SOBRE O AUTOR

ALCIDES FERRI

SOBRE
O AUTOR

Alcides Ferri tem formação superior em Recursos Humanos e pós-graduação em Gestão Estratégica de Pessoas. Trabalhou por catorze anos na área de recursos humanos e nove anos na área administrativa/financeira. Atuou nos segmentos de construção civil, rede educacional/religiosa e consultoria de recursos humanos. Atualmente atua como consultor em recursos humanos e *professional coach*, é professor universitário e palestrante motivacional/comportamental, realizando palestras, *in company*, na área de treinamento e desenvolvimento, com o objetivo de inspirar e persuadir as pessoas a se engajarem na busca constante de seu autodesenvolvimento, visando à superação das lacunas e carências existentes em suas competências, a fim de atingirem sustentabilidade na carreira. Como consultor, quando solicitado pelas empresas, propõe ações interventivas que podem ser efetivamente aplicadas para solucionar problemas e conduzir ao aperfeiçoamento no que tange à gestão de pessoas.

Coautor do livro *Ser+ com T&D: estratégias e ferramentas de treinamento e desenvolvimento para o mundo corporativo*.

Contato
e-mail: alcidesferri@bol.com.br